KOMPLETNA KSIĄŻKA KUCHARSKA PRZEPISÓW NA SOJĘ

100 PYSZNYCH PRZEPISÓW DO OPANOWANIA KAŻDEGO DANIA Z SOJĄ

Kalina Gajewska

Wszelkie prawa zastrzeżone.

Zastrzeżenie

Informacje zawarte w tym eBooku mają służyć jako obszerny zbiór strategii, na temat których autor tego eBooka przeprowadził badania. Streszczenia, strategie, porady i wskazówki są jedynie rekomendacjami autora, a przeczytanie tego eBooka nie gwarantuje, że czyjeś wyniki będą dokładnie odzwierciedlać wyniki autora. Autor eBooka dołożył wszelkich uzasadnionych starań, aby zapewnić aktualne i dokładne informacje dla czytelników eBooka. Autor i jego współpracownicy nie ponoszą odpowiedzialności za jakiekolwiek niezamierzone błędy lub pominięcia, które mogą zostać znalezione. Materiał w eBooku może zawierać informacje pochodzące od osób trzecich. Materiały osób trzecich zawierają opinie wyrażone przez ich właścicieli. W związku z tym autor eBooka nie ponosi odpowiedzialności za materiały lub opinie osób trzecich.

Książka elektroniczna jest chroniona prawami autorskimi © 2022 z wszelkimi prawami zastrzeżonymi. Redystrybucja, kopiowanie lub tworzenie prac pochodnych na podstawie tego eBooka w całości lub w części jest nielegalne. Żadna część tego raportu nie może być reprodukowana ani retransmitowana w jakiejkolwiek formie reprodukowanej lub retransmitowanej w jakiejkolwiek formie bez pisemnej wyraźnej i podpisanej zgody autora.

SPIS TREŚCI

SPIS TREŚCI 4
WPROWADZANIE 8
    Czym jest soja? 8
    Produkty sojowe 9

DANIA Z SOSU SOJOWEGO 12
    1. Curry z kawałkami soi 13
    2. Wieprzowina w sosie sojowym 16
    3. Piersi z kurczaka z polewą sojową 21
    4. Pak choi z sosem sojowym 24
    5. Skwierczący kurczak z miodem sojowym 26
    6. Kaczka sojowa 29

DANIA Z SOJY 32
    7. Smażenie soi 33
    8. Grzyby sojowe 36
    9. Łosoś w miso 39
    10. Sum z sosem z czarnej fasoli i soi 41
    11. Zupa sojowa 44
    12. Ziarna sosu sojowego 47
    13. Fasolka szparagowa z sosem sojowym 50
    14. Paszteciki sojowe 53
    15. Tajskie placki z fasoli sojowej 57

PRZEPISY NA MLEKO SOJOWE 61
    16. Lody z karmelizowanymi pomarańczami 62
    17. Lód sojowy z limonką 65
    18. Kremowa bułka bananowa 67
    19. Jogurt sojowy 70

20. Koktajl bananowy z mlekiem sojowym..................73

PRZEPISY MĄKI SOJOWEJ 75

21. Sojowy Chapati 76
22. Sojowy afrykański pączek 78
23. Pączki sojowe 81
24. Bułeczki sojowe 84
25. Ciasto bananowo-sojowe 87
26. Kebaby sojowe 90
27. Chleb pszenny z melasą 93

DANIA SOJOWE OKARA 97

28. Okara Mochi 98
29. Ciasteczka migdałowe 100
30. Paski Okara „Kurczak" 102
31. Smoothie z pomarańczowego mleka sojowego 105
32. Burgery z czarnej fasoli 107

DRESSINGI I SOSY SOJOWE 110

33. Sos sojowy boloński 111
34. Pasztet z ziaren soi 114
35. Sojowy dip z oliwą i cytryną 117
36. Hummus sojowy 120
37. Sos sojowy i sezamowy 122

PRZYSMAKI SOJOWE DLA DZIECI 125

38. Ciasteczka do żucia 126
39. Ciasteczka owsiane 129
40. Tartlets owocowe 132
41. Krem czekoladowy 134
42. Zupa grzybowa 136
43. Huat Kueh 139
44. Ciasto ryżowe 141
45. Miodowe bułeczki żurawinowe 144

46. Suflet 147
47. Galaretka z mango 150
48. Koktajl owocowy 152
49. Popsicle 154
50. Lody sojowe malinowe 157

DANIA Z TOFU 160

51. Twaróg fasolowy z sosem ostrygowym 161
52. Tofu smażone w głębokim tłuszczu 164
53. Twaróg ze sfermentowanej fasoli ze szpinakiem 166
54. Duszone Tofu 168
55. Makaron Chiński w Sosie Orzechowo-Sezamowym 171
56. Makaron mandaryński 174
57. Twaróg fasolowy z sosem fasolowym i makaronem 177
58. Tofu nadziewane krewetkami 180
59. Twaróg fasolowy z warzywami syczuańskimi 183
60. Duszone Tofu z trzema warzywami 186
61. Trójkąty Tofu Nadziewane Wieprzowiną 189
62. Naleśniki żurawinowe z syropem 192
63. Tofu w glazurze sojowej 195
64. Tofu w stylu Cajun 197
65. Tofu z skwierczącym sosem kaparowym 200
66. Tofu smażone na wsi ze złotym sosem 203
67. Tofu w pomarańczowej glazurze i szparagi 206
68. Tofu Pizzaiola 209
69. „Ka-Pow" Tofu 212
70. Tofu w stylu sycylijskim 215
71. Taj-Phoon Stir-Fry 218
72. Pieczone Tofu Malowane Chipotle 221
73. Grillowane Tofu z Tamarind Glaze 223
74. Tofu nadziewane rukwią wodną 226
75. Tofu z pistacjowym granatem 229
76. Wyspa przypraw Tofu 232
77. Tofu imbirowe z sosem cytrusowo-hoisin 235

78. Tofu z trawą cytrynową i groszkiem śnieżnym 238
79. Tofu Podwójnie Sezamowe z Sosem Tahini 241
80. Gulasz z tofu i Edamame 244
81. Sojowo-brązowy senKotlety 247
82. Pieczeń z Tofu 250
83. Bardzo waniliowy francuski tost 253
84. Pasta śniadaniowa sezamowo-sojowa 256
85. Radiatore z sosem Aurora 258
86. Klasyczna lasagne z tofu 261
87. Lasagne z czerwoną boćwiną i szpinakiem 264
88. Lasagne z pieczonych warzyw 267
89. Lasagne z Radicchio 270
90. Lasagne Primavera 273
91. Lasagne z czarną fasolą i dynią 277
92. Manicotti nadziewane botwiną 280
93. Szpinak Manicotti 283
94. Wiatraczki lasagne 286
95. Ravioli z dynią z groszkiem 289
96. Ravioli z karczochami i orzechami 293
97. Tortellini z sosem pomarańczowym 297
98. Warzywa Lo Mein z Tofu 300
99. Pad Thai 303
100. Pijany Spaghetti z Tofu 306

WNIOSEK 309

WPROWADZANIE

Czym jest soja?

Soja (Glycine max) to stosunkowo nowa uprawa w Afryce. W ostatnich latach jego produkcja znacznie wzrosła, częściowo dzięki postępom badawczym w „tropikalizacji" roślin strączkowych.

Większość sklepów spożywczych oferuje różne produkty sojowe, w tym mleko sojowe, imitacje mięsa i preparaty dla niemowląt. W przeciwieństwie do większości roślin soja jest kompletnym białkiem, co oznacza, że zawiera wszystkie niezbędne aminokwasy. Dzięki temu soja może zastąpić produkty pochodzenia zwierzęcego, które są zwykłym źródłem pełnowartościowego białka w diecie, i sprawia, że soja jest mile widzianym dodatkiem do diet roślinnych.

Produkty sojowe

A. Mleko sojowe

Zmielenie, moczenie i odcedzenie ziaren soi daje łagodny w smaku płyn znany jako mleko sojowe. Mleko sojowe jest zwykle odpowiednim zamiennikiem mleka mlecznego. Mleko sojowe waniliowe i czekoladowe są często sprzedawane razem z niesmakowanym mlekiem sojowym, które zazwyczaj pakuje się w aseptyczne pojemniki. Jedna filiżanka mleka sojowego zawiera średnio 104 kalorie, 6 gramów białka i 3,5 grama tłuszczu. Mleko sojowe wzbogacone jest dobrym źródłem wapnia, żelaza, witaminy B12 i witaminy D.

B. tofu

Twaróg sojowy - lub tofu - powstaje przez zsiadanie soi z koagulantem. Tofu, które ma minimalny smak, może łatwo wchłaniać przyprawy i aromaty. Twarde tofu jest gęste i przydatne w stir fry lub zupach. Miękkie tofu jest mushier i zastępuje jogurt w koktajlach. 1/2 szklanki porcji twardego tofu ma 88 kalorii, ponad 10 gramów białka i 5 gramów tłuszczu. Kremowe desery z tofu są powszechne w sklepach spożywczych, podobnie jak zwykłe bloki tofu o różnej twardości. Większość rynków azjatyckich oferuje świeże tofu, które ma gładszą konsystencję i smak.

C. Sosy Sojowe

Sos sojowy jest jednym z najpopularniejszych dostępnych produktów sojowych. Ten ciemnobrązowy płyn o słonym smaku powstaje w wyniku fermentacji ziaren soi. Shoyu i tamari to popularne odmiany sosu sojowego, które są zazwyczaj dostępne w różnych stopniach zaciemnienia. Jedna łyżeczka tamari ma 4 kalorie i 335 miligramów sodu. Dania warzywne, mięsne i tofu często wymagają sosu sojowego, ale używa się go nawet w niektórych przepisach na ciastka.

D. Olej sojowy

Według The United Soybean Board większość margaryn, tłuszczów piekarskich i dressingów do sałatek zawiera olej sojowy. Ponadto większość „oleju roślinnego", który widzisz w sklepie spożywczym, to czysty olej sojowy. American Heart Association wymienia olej sojowy jako bezpieczny tłuszcz dla utrzymania zdrowia i długowieczności. Jedna łyżeczka oleju sojowego zawiera 40 kalorii, 4,5 grama tłuszczu i mniej niż 1 gram tłuszczów nasyconych. Olej sojowy jest w większości bezsmakowy, co czyni go nieinwazyjnym składnikiem większości potraw.

E. Inne produkty sojowe

Soja to niezwykle wszechstronny składnik używany do wytwarzania wielu produktów na całym świecie. Kilka przykładów to bita polewa sojowa, ser sojowy, jogurt sojowy, masło sojowo-orzechowe, kasza sojowa, lody sojowe, alternatywy dla mięsa sojowego i orzechy sojowe. Yuba, czyli cienki arkusz zrobiony z ziaren soi, jest przydatny do robienia wrapów i zup; tempeh to sprasowany, sfermentowany blok soi; miso to sfermentowana mikstura sojowa używana w zupie; natto to lepkie, sfermentowane danie z soi.

DANIA Z SOSU SOJOWEGO

1. Curry z kawałkami soi

Składniki:

- 1 szklanka przygotowanych kawałków soi
- 1 szklanka cukru / fasoli borlotti
- 2 łyżeczki gorczycy
- 1 łyżeczka kurkumy
- 2 łyżeczki chili w proszku
- 2 łyżeczki mielonej kolendry
- 2 łyżeczki nasion kminku
- Kilka liści curry
- Kilka strąków kardamonu
- 2 duże marchewki, starte
- 2 duże ziemniaki, pokrojone w kawałki
- 2 duże pomidory, pokrojone w kostkę
- 1 - 2 szklanki wody
- 1 łyżka brązowego cukru

Wskazówki:

a) Przygotuj fasolę – namocz fasolę przez noc i gotuj do miękkości.

b) W garnku rozgrzać olej i dodać gorczycę, kurkumę, kolendrę, kminek, liście curry. Smaż delikatnie, aż nasiona wyskoczą.

c) Dodaj chili w proszku i wymieszaj. Dodać marchewki i delikatnie dusić. Dodaj kawałki soi i ziemniaki.

d) Dodaj tyle wody, aby zrobić przyzwoity sos. Gotuj, aż ziemniaki będą prawie miękkie.

e) Dodaj fasolę, pomidory i w razie potrzeby więcej wody. Dodaj cukier. Gotuj, aż ziemniaki będą miękkie i podawaj.

2. Wieprzowina w sosie sojowym

Wydajność: 4 porcje

Składniki:

- ½ kilograma (1 1/4 funta) fileta wieprzowego lub udźca wieprzowego
- 1 łyżka klarownego sosu sojowego
- 2 łyżki mąki pszennej
- ½ łyżeczki sproszkowanego imbiru
- 20 gramów (4 uncje) pieczarek
- 4 ząbki czosnku
- 1 plasterek imbiru o średnicy około 2 cm i grubości 1/2 cm
- 3 łyżki ciemnego sosu sojowego
- Pieprz lub szczypta chili w proszku
- 2 łyżki przegotowanej wody
- 2 łyżki średnio wytrawnej sherry lub wina ryżowego (opcjonalnie)
- 2 łyżeczki soku z cytryny

- 6 łyżek oleju lub słoniny

Wskazówki:

a) To, jak sama nazwa wskazuje, wieprzowina gotowana w sosie sojowym. Jest szczególnie lubiany przez mojego męża i dzieci, które zawsze wiedzą, kiedy pojawi się na stole, ponieważ smażony w sosie imbir i czosnek pachnie tak pysznie.

b) Pokrój wieprzowinę w drobną kostkę. Wsyp mąkę do miski i dodaj klarowny sos sojowy oraz proszek imbirowy, dobrze je mieszając. Posmaruj wieprzowinę mieszanką i odstaw na co najmniej 30 minut.

c) Pieczarki oczyścić i pokroić w plastry. Obierz czosnek i imbir i pokrój je bardzo cienko; możesz użyć tych cienkich plastrów bez zmian lub pokroić je ponownie na bardzo małe patyczki.

d) Na woku lub grubej patelni rozgrzać olej lub tłuszcz i smażyć mięso po połowie, od czasu do czasu obracając, przez 5 minut.

e) Powtórz ten proces dla pozostałej połowy mięsa. Mąka, która pokryła mięso, będzie miała tendencję do pozostawania na patelni lub przyklejania się do dna, ale zostaw ją tam - później zgęstnieje sos.

f) Teraz wyjmij większość oleju z patelni, pozostawiając tylko około dwóch łyżek stołowych, które następnie ponownie podgrzej. W tym smażymy malutkie plasterki czosnku i imbiru oraz pieczarki, ciągle mieszając, przez minutę.

g) Dodaj sos sojowy, wodę i mięso. dobrze wymieszać, doprawić pieprzem lub chili w proszku i mieszać nieprzerwanie przez 1 lub 2 minuty. tuż przed podaniem dodaj sherry lub wino ryżowe i sok z cytryny. Podawać na gorąco.

h) Danie to wyjątkowo dobrze trzyma się w zamrażarce, a warto zrobić dużą ilość np. z połowy udźca wieprzowego, co jest znacznie tańsze niż kupowanie fileta wieprzowego.

i) Aby podawać z zamrażarki, rozmroź mięso całkowicie i szybko podgrzewaj na wysokim ogniu przez 2 do 3 minut, cały czas dobrze mieszając lub potrząsając patelnią.

j) Dodaj sherry lub wino ryżowe i sok z cytryny tuż przed podaniem.

3. Piersi z kurczaka w glazurze sojowej

Wydajność: 4 porcje

Składniki:

- 2 Całe piersi z kurczaka
- ¼ szklanki mielonej zielonej cebuli
- 2 Ząbki czosnku, sprasowane
- 1 łyżka płynnego miodu
- 2 łyżki suszonej sherry
- 2 łyżeczki startego świeżego korzenia imbiru
- ½ szklanki sosu sojowego

Wskazówki:

a) Kawałki kurczaka ze skóry. Za pomocą miski połącz zieloną cebulę, czosnek, miód, sherry, imbir i sos sojowy.

b) Zanurz piersi z kurczaka w sosie, następnie włóż do plastikowej torebki i zalej pozostałym sosem. Szczelnie zamknąć worek i odstawić w temperaturze pokojowej na 30 do 60 minut.

c) Przygotuj grill, ustawiając grill cztery cale (10 cm) nad rozżarzonymi węglami.

d) Piersi z kurczaka odsączyć i grillować, obracając w razie potrzeby, aby zapobiec zwęgleniu i pozwolić na równomierne gotowanie przez około 25 minut. W razie potrzeby posmaruj sosem, aby mięso było wilgotne.

e) Podgrzej pozostały sos i podawaj z gorącym, grillowanym kurczakiem. Cztery porcje.

4. Pak choi z sosem sojowym

Wydajność: 1 porcja

Składniki:

- 1 funt zielony pak choi
- 1 łyżka oleju
- 1 łyżka sosu sojowego
- 2 ząbki czosnku pokrojone w plasterki

Wskazówki:

a) Pak choi umyć i dobrze odcedzić. Rozgrzej olej i dodaj czosnek, a następnie pak choi.

b) Cały czas mieszać, aż pak choi zmieni kolor.

c) Dodaj sos sojowy do smaku. Podawać na gorąco.

5. Skwierczący kurczak z miodem sojowym

Wydajność: 4 porcje

Składniki:

- 200 gram chińskiego makaronu
- ½ szklanki oleju; (120ml)
- ¼ szklanki Rozdrobniona dymka; (50g)
- ¼ szklanki rozdrobnionej kapusty; (50g)
- ¼ szklanki Rozdrobniona papryka; (50g)
- ¼ szklanki Rozdrobniona marchewka; (50g)
- 1½ szklanki kurczaka bez kości; gotowane i szatkowane
- 10 mililitrów sosu sojowego
- 25 mililitrów miodu
- Sól dla smaku
- 4 zielone chilli; dobrze posiekany
- 200 gramów makaronu; smażony

Wskazówki:

a) Aby przygotować gniazdo: zagotuj i odcedź makaron. Weź dwie filiżanki (miski) z porowatymi otworami.

b) Włóż makaron równomiernie między dwie filiżanki. Naciśnij i zanurz w gorącym oleju. Smażyć, aż makaron stanie się złotobrązowy.

c) Usuń z oleju i delikatnie wybij makaron z kubka. Odłóż gniazda w kształcie miseczki na bok.

d) Rozgrzej olej na patelni lub w woku. Dodać dymkę, kapustę, paprykę i marchewkę. Dobrze podsmaż. Dodaj posiekanego kurczaka i smaż, aż będzie gotowe. Dopraw sosem sojowym, miodem, solą i posiekanymi zielonymi chilli.

e) Umieść smażony makaron w gnieździe i umieść na gorącym sizzle razem ze smażonym kurczakiem i smażoną kukurydzą i szczypiorkiem. Podawać na gorąco.

6. Kaczka sojowa

Wydajność: 1 porcji

Składniki:

- 1 duża kaczka
- 1½ łyżki sosu sojowego
- 4 szklanki bulionu z kurczaka
- 1 łyżeczka cukru
- 2 zielone cebule
- 1 łyżeczka startego imbiru
- ½ szklanki czerwonego wina do gotowania lub
- czerwony ocet winny

Wskazówki:

a) Kaczkę umyć w gorącej wodzie, osuszyć, zwilżyć alkoholem i krótko przypalić, aby pozbyć się kwaśnego posmaku.

b) Ugotuj kaczkę w bulionie z kurczaka i inne składniki oprócz wina (lub octu) w przykrytym garnku.

c) Gdy kaczka zmięknie - po około godzinie gotowania - odkryj garnek i dodaj wino (lub ocet). Gotuj jeszcze 10 minut.

d) Odcedź i podawaj z gotowanymi warzywami. Można podawać w całości lub w kawałkach.

DANIA Z SOJY

7. Smażenie soi

Wydajność: 4 porcje

Składniki:

- 1 łyżeczka oleju sezamowego
- 1 marchewka; cienko pokrojony
- 1½ szklanki groszku cukrowego
- ½ czerwona papryka; pokroić w cienkie paski
- 1 szklanka kolb kukurydzy dla dzieci
- 300 gramów soi w puszkach; spuścić i wypłukać
- 2 łyżki miodu
- 1 łyżka soku z limonki
- 2 łyżeczki sezamu
- 1 łyżeczka słodkiego sosu chilli
- 1 łyżeczka startego świeżego imbiru

Wskazówki:

a) Rozgrzej olej sezamowy na woku lub patelni i dodaj marchewkę, groszek cukrowy, czerwoną paprykę, kukurydzę i smaż przez 2-3 minuty.

b) Dodaj ziarna soi i połączone pozostałe składniki.

8. Grzyby sojowe

Wydajność: 1 porcja

Składniki:

- 50 gramów bryłek sojowych
- 100 gramów Grzyb
- 100 gramów Paneera
- 2 pęczki puree ze szpinaku
- 1 pęczek posiekanej kolendry
- 250 gramów pasty cebulowej
- 2 zielone chilli
- 250 gram posiekanych pomidorów
- 10 gramów pasty imbirowej
- 20 gramów pasty czosnkowej
- 20 gramów Saunf, zmiażdżony
- 50 gramów jogurtu
- 30 gramów masła
- 1 łyżeczka sproszkowanej kolendry

- 2 łyżeczki proszku Jeera
- 1 łyżeczka chilli w proszku
- Sól dla smaku
- $\frac{1}{4}$ łyżeczki Garam masala - do smaku

Wskazówki:

a) Ugotowany szpinak, zieloną papryczkę chilli i kolendrę zmiksować razem i przygotować. Rozgrzej olej, zimną pastę imbirową/czosnkową. Dodać pastę z gotowanej cebuli (ugotowana cebula – przetarta w mikserze) i gotować.

b) Dodaj przyprawy, przyprawy i pomidory i smaż, aż olej opuści mieszankę. Dodaj mieszankę szpinakową i kontynuuj gotowanie.

c) Na koniec wymieszaj bryłki soi i dodaj do sosu. Dodaj pokrojone w kostkę paneer i kawałki grzybów.

d) Podawaj na gorąco udekorowane śmietaną lub krążkami cebuli.

9. Łosoś w miso

Wydajność: 1 porcji

Składniki:

- 2 funty steków lub filetów ze świeżego łososia
- $\frac{1}{2}$ szklanki lekkiego miso
- 1 łyżka cukru
- 1 szczypta wiadomości (opcjonalnie)
- 3 szalotki; posiekany
- 1 łyżka sosu sojowego
- 1 łyżeczka oleju sezamowego
- $\frac{1}{4}$ szklanki Sake

Wskazówki:

a) Włóż steki do miski wystarczająco dużej do marynowania. W innej misce wymieszaj pozostałe składniki.

b) Marynuj steki w tej mieszance przez około 2 godziny w temperaturze pokojowej lub w lodówce na noc.

c) Grilluj lub smaż, aż zrobisz według własnego gustu.

10. Sum z sosem z czarnej fasoli i soi

Wydajność: 1 porcja

Składniki:

- 2 Cały sum; oczyszczone, wypatroszone
- 24 Cienkie plasterki obranego świeżego imbiru; (około 2 uncji)
- ¾ szklanki mąki ryżowej
- 1½ szklanki oleju arachidowego
- Sos z czarnej fasoli i soi
- 1 duży pomidor; posiekane, pokrojone w kostkę
- ¼ szklanki posiekanej zielonej cebuli
- 2 limonki; pokroić w kliny

Wskazówki:

a) Rozgrzej piekarnik do 350F. Za pomocą noża zrób 6 ukośnych nacięć po jednej stronie każdej ryby, rozstawiając je równomiernie i przycinając do kości. Włóż 1 plasterek imbiru do każdej szczeliny. Odwróć rybę.

b) Zrób 6 ukośnych szczelin po drugiej stronie każdej ryby; włóż pozostały pokrojony imbir. Posyp suma wystarczającą ilością mąki ryżowej, aby obtoczyć ze wszystkich stron.

c) Podgrzej 1½ szklanki oleju arachidowego na dużej dużej patelni na średnim ogniu, aż termometr zarejestruje 375F. Delikatnie wsuń 1 suma na patelnię i smaż na złoty kolor i prawie się ugotuj, około 5 minut z każdej strony.

d) Przełóż na blachę do pieczenia w brzegach. Powtórz smażenie z drugim sumem.

e) Piecz suma w piekarniku, aż będzie całkowicie ugotowany i nieprzezroczysty w środku, około 10 minut. Przełóż na półmisek. Zalej sosem z czarnej fasoli i soi. Półmisek udekoruj pomidorami, zieloną cebulką i ćwiartkami limonki. Natychmiast podawaj.

11. Zupa sojowa

Wydajność: 1 porcji

Składniki:

- ½ funta suszonej soi
- 1 mała cebula; pokrojony
- 1 kwarta wody
- 1 puszka (24 uncje) soku pomidorowego
- 1 łyżka cukru
- 1½ łyżeczki soli; lub do smaku
- Marchewka

Wskazówki:

a) Ziarna soi dokładnie umyj, zalej wodą i pozostaw na noc.

b) Odcedź fasolę i przepuść przez siekacz do żywności; włożyć do rondla z cebulą i 1 litrem wody, przykryć i gotować na małym ogniu 1½ do 2 godzin, aż ziarna soi będą miękkie.

c) Dodaj pozostałe składniki i podgrzej przed podaniem. Atrakcyjną dekoracją są wiórki z tartej marchewki. 5 porcji.

12. Ziarna sosu sojowego

Wydajność: 1 porcji

Składniki:

- 1 funt soi
- 8 łyżek sosu sojowego
- 2 łyżki cukru
- 5 filiżanek wody

Wskazówki:

a) Namocz fasolę w letniej wodzie na noc i wylej wodę. Następnie ugotuj fasolę z sosem, cukrem i 5 szklankami (zimnej) wody nad energicznym ogniem.

b) Gdy się zagotuje, ustaw na wrzącym ogniu i gotuj 3 godziny, obracając trochę co pół godziny, aż cały płyn się wchłonie. Dodaj pół szklanki gorącej wody, jeśli wyschnie przed końcem 3 godzin.

c) Fasolę przełożyć na blachę do pieczenia i piec w ogniu 250 stopni F, obracając co pół godziny.

d) Piecz godzinę, jeśli planujesz je wkrótce zjeść; 1½ godziny, jeśli planujesz trzymać je dłużej w szczelnym słoiku.

13. Fasolka szparagowa z sosem sojowym

Wydajność: 1 porcji

Składniki:

- 1½ funta Zielona fasola; przycięte na końcach
- 3 łyżki sosu sojowego
- 1 łyżeczka cukru
- 1 łyżka orientalnego oleju sezamowego
- 3 łyżki oleju z orzeszków ziemnych lub innego oleju roślinnego
- 6 ząbków czosnku; obrane i posiekane
- 1 Suszone gorące czerwone chili; pokruszony
- Sól

Wskazówki:

a) Zagotuj wodę w dużym garnku. Wrzuć fasolę i gotuj szybko przez 4 do 5 minut, aż będzie chrupiąca.

b) Odcedź, a jeśli nie podawaj szybko, spłucz pod zimną wodą. Pozostaw do odsączenia w durszlaku.

c) Wymieszaj sos sojowy, cukier i olej sezamowy. Odłożyć na bok.

d) Umieść wok lub dużą żeliwną patelnię, aby rozgrzać na średnim ogniu.

e) Gdy jest gorący, wlej olej arachidowy. Powinno się nagrzać w ciągu kilku sekund. Teraz włóż czosnek. Wymieszaj raz lub dwa razy. Włóż czerwone chili. Wymieszaj raz i włóż odsączoną zieloną fasolkę. Mieszaj, aż kilka zostanie lekko przypalonych.

f) Wlej mieszankę sosu sojowego. Mieszaj i smaż, aż większość sosu się wchłonie.

g) Wymieszaj i podawaj.

14. Pasteciki sojowe

Wydajność: 2 porcje

Składniki:

- ½ szklanki gotowanej soi
- ⅓ Cebula
- ⅓ łyżka pasty pomidorowej
- ⅔ łyżeczka sosu chili
- ⅔ łyżka posiekanej natki pietruszki
- ⅓ szklanka pełnoziarnistej bułki tartej
- ½ Jajko
- 1/16 szklanki mleka
- ⅓ szklanka suchej bułki tartej
- 1 łyżka nasion sezamu
- ⅓ szklanki Zwykłej mąki razowej
- Olej
- ⅔ Ząbki czosnku
- 3/16 szklanki Tahini

- 1/16 szklanki wody
- 3/16 szklanki soku z cytryny

Wskazówki:

a) Zetrzyj fasolę za pomocą tłuczka do ziemniaków.

b) Dodaj cebulę, koncentrat pomidorowy, sos chilli, pietruszkę i świeżą bułkę tartą.

c) Dobrze wymieszaj, aby połączyć.

d) Podziel miksturę na 4 równe proporcje.

e) Uformuj w kulki i spłaszcz palcami, aby uformować kształty pasztecików.

f) Połącz jajko i mleko w jednej misce, a bułkę tartą i sezam w drugiej misce.

g) Obtocz placki w mące, a następnie zanurz każdy z nich w mieszance jajek i mleka, a następnie obtocz w suchej bułce tartej i mieszance z sezamem.

h) Rozgrzej olej na dużej płytkiej patelni. Smażyć kotlety na średnim ogniu, aż będą złocistobrązowe z obu stron.

i) Odsączyć na papierze chłonnym.

j) Odłóż na bok i trzymaj w cieple.

k) Aby przygotować sos, połącz wszystkie składniki w małej misce.

l) Paszteciki podawać na gorąco w towarzystwie sosu tahini.

15. Tajskie placki z fasoli sojowej

Wydajność: 6 porcji

Składniki:

- 5 dużych tajskich suszonych chili
- $\frac{1}{2}$ łyżeczki Posiekane korzenie kolendry
- 1 łyżeczka mielonego galangalu
- 1 łyżeczka skórki limonki Kaffir lub skórki z limonki
- 2 łyżki mielonego czosnku
- 2 łyżki mielonej czerwonej cebuli
- 1 łyżka tajskiej pasty z krewetek
- 2 średnie papryczki chili zmielone
- 2 łyżeczki soli
- 1$\frac{3}{4}$ szklanki ugotowanej i puree z ziaren soi
- 2 jajka
- 1 łyżka mąki ryżowej
- 3 łyżki sosu rybnego
- 1 łyżeczka Drobno posiekana limonka Kaffir l

- 2 łyżeczki liści kolendry
- ½ szklanki oleju do smażenia
- 4 łyżki cukru
- 4 łyżki octu

Wskazówki:

a) Puree z chilli, korzenie kolendry, Galanga, skórka limonki, czosnek, cebula i pasta z krewetek.

b) Dodaj fasolę sojową i mąkę ryżową i dobrze wymieszaj.

c) Przenieś mieszankę soi do miski i dodaj jajka, liście limonki kaffir, liście kolendry i sos rybny i energicznie mieszaj drewnianą łyżką, aż dobrze się połączą.

d) Rozgrzej olej na dużej patelni z płaskim dnem na średnim ogniu.

e) W międzyczasie zanurz dłonie w wodzie i uformuj z mieszanki soi pasztecikowi o średnicy około 1 ½ cala każdy. Smażymy, aż będą dobrze zrumienione i zarumienione. Spuść olej na ręczniki papierowe.

f) Podawać na gorąco z sosem do maczania.

g) **Sos do maczania**: Podgrzej sól, cukier i ocet w małym rondlu na małym ogniu, aż sól i cukier się rozpuszczą. Schłodzić, dodać chilli i dobrze wymieszać.

PRZEPISY NA MLEKO SOJOWE

16. Lody z karmelizowanymi pomarańczami

Składniki:

- 1 szklanka jedwabistego tofu
- 1 szklanka mleka sojowego
- 1/2 szklanki czystego syropu klonowego
- 2 łyżeczki mielonego imbiru
- 1/4 szklanki posiekanego, krystalicznego lub kandyzowanego imbiru
- 1 łyżeczka czystego ekstraktu waniliowego
- drobno starta skórka i sok z 1 dużej pomarańczy
- dla karmelizowanych pomarańczy
- 2 duże pomarańcze
- 1/2 szklanki cukru
- 4 łyżki wody

Wskazówki:

a) Delikatnie wymieszaj wszystkie składniki lodów, aby uzyskać gładką mieszankę. Włóż łyżkę do maszynki do lodów i ubij zgodnie z zaleceniami producenta lub przełóż do pojemnika zamrażarki i postępuj zgodnie z instrukcje ręcznego mieszania.

b) Gdy jest już prawie jędrny, zamroź w pojemniku do zamrażania przez 15 do 20 minut przed podaniem. Lody można zamrażać do 1 miesiąca, pozwalając na 10 lub 15 minut, aby zmiękły przed podaniem.

c) Usuń paski skórki z 2 dużych pomarańczy i odłóż na bok, a następnie usuń i wyrzuć resztki skórki i białego miąższu. Pomarańcze pokroić w plasterki i odstawić. Skórkę pokroić w drobne paski i umieścić w małym rondelku z cukrem i wodą.

d) Podgrzewaj, aż cukier się rozpuści, a następnie gotuj na wolnym ogniu, aż mieszanina utworzy złocisty syrop. Natychmiast zdejmij z ognia i dodaj pokrojone pomarańcze. Wróć na ogień i gotuj delikatnie przez około 5 minut, aż plastry dobrze zmiękną, schłódź.

e) Lody z tofu podawaj z plastrami karmelizowanych pomarańczy i odrobiną syropu skropionego na wierzchu.

Służy 4

17. Lód sojowy z limonką

Składniki:

- 2 szklanki mleka sojowego, schłodzonego
- drobno starta skórka i sok z 3 limonek
- 4 łyżki miodu lub do smaku
- suszony kokos, prażony, do dekoracji

Wskazówki:

a) Wymieszaj wszystkie składniki razem w robocie kuchennym, aż dobrze się wymieszają.
b) Umieścić w maszynce do lodów i przetwarzać zgodnie z zaleceniami producenta lub włożyć do pojemnika zamrażarki i zamrozić za pomocą metoda ręcznego mieszania aż prawie jędrne.
c) Przenieś do pojemnika do zamrażarki i zamroź, aż będzie wystarczająco twardy, aby służyć lub przykryj i zamroź na okres do 3 miesięcy.
d) Podawaj posypane prażonym kokosem.

Robi 3 filiżanki

18. Kremowa bułka bananowa

Składniki:

- 6 dojrzałych bananów
- 2 szklanki mleka sojowego
- 6 łyżek czystego syropu klonowego
- 2 łyżeczki czystego ekstraktu waniliowego
- 3 łyżki prażonych nasion sezamu
- 2 do 3 łyżek niesłodzonego kakao w proszku, przesianego
- płatki czekoladowe lub loki do dekoracji
- 1/2 kubkasos czekoladowy

Wskazówki:

a) Banany należy zamrozić w skórkach przez około 2 godziny.

b) Obierz, pokrój i zmiksuj banany w robocie kuchennym z mlekiem sojowym, syropem klonowym, wanilią i sezamem, aż się dobrze połączą.

c) Włóż łyżkę do blachy wyłożonej folią, rozłóż równomiernie i zamrażaj przez 1 godzinę. Usuń, gdy jest jeszcze lekko miękki.

d) Następnie zwiń (w stylu galaretki) w cylinder, przykryj drugą warstwą folii i mocno skręcając końce, aby nadać rolce dobry, zgrabny kształt. Zamrozić przez kolejną godzinę, aż stanie się naprawdę twardy.

e) Przed podaniem rozwiń bułkę na płaskiej powierzchni i obsyp ją kakao w proszku.

f) Przełożyć do naczynia do serwowania i udekorować lokami czekoladowymi lub skropić sosem czekoladowym. Podawaj w plastrach, z większą ilością sosu czekoladowego.

Służy 8

19. Jogurt sojowy

Składniki:

- 4 szklanki mleka sojowego albo komercyjnego, albo domowego
- 2 do 3 łyżek zwykłego jogurtu komercyjnego
- 5 łyżek cukru trzcinowego
- 1 łyżeczka aromatu waniliowego lub innego smaku według uznania
- Opcjonalnie: przetwory owocowe

Wskazówki:

a) Podgrzej pasteryzowane mleko sojowe do 194°F (90°C).

b) Dodaj cukier do podgrzanej bazy mleka sojowego i utrzymuj temperaturę 194 °F (90 °C), podgrzewając tylko wystarczająco długo, aby rozpuścić cukier. Dodaj smak.

c) Schłodzić mleko do 122oF (50 °C). Dodaj handlowy jogurt, delikatnie wymieszaj zawartość i unikaj tworzenia się piany. Wlej mleko do kubków, a następnie zamknij nakrętką.

d) Natychmiast umieść kubki w inkubatorze lub piecu w temperaturze 106°F (41°C) na około 5 godzin. Po 4-1/2 godziny inkubacji uważnie monitoruj pH jogurtu. Gdy pH osiągnie 4,3 lub pożądaną kwaśność, przenieś jogurt do lodówki w temperaturze 36°F (2oC).

e) Po 12 godzinach w lodówce można podać jogurt. Opcja: Aby zrobić jogurt z owocami na dnie, umieść 2 do 3 łyżeczek konfitury owocowej na dnie każdej z kubków jogurtowych.

f) Delikatnie napełnij mieszankę z kroku 3 do kubków jogurtowych do góry, a następnie zamknij nakrętką. Jogurt sojowy może być przygotowany przez producenta jogurtu zgodnie z instrukcją.

20. Koktajl bananowy z mlekiem sojowym

Składniki:

- 2 szklanki mleka sojowego
- 1 banan
- 1 łyżka mielonego siemienia lnianego
- 1/2 C suchej owsianki
- 1 tona słodzika do wyboru

Wskazówki:

a) Zmiksuj blenderem lub blenderem ręcznym.

b) Cieszyć się!

PRZEPISY MĄKI SOJOWEJ

21. Soja Chapati

Składniki:

- ½ szklanki mąki sojowej
- 2 szklanki mąki pszennej
- 1 łyżeczka soli
- 1 szklanka wody
- 1 jajko, ubite
- ¼ szklanki oleju

Wskazówki:

a) Wymieszać suche składniki, dokładnie wymieszać

b) Dodaj olej, wodę i ubite jajko do mieszanki

c) Mieszaj, aż powstanie gładkie ciasto

d) Odłamać kawałki, aby zwinąć do pożądanego rozmiaru

e) Rozwałkuj na posypanej mąką powierzchni

f) Rozgrzej trochę oleju na patelni na małym ogniu

g) Dodać chapati, smażyć, aż obie strony będą złote

22. Afrykański Pączek Sojowy

Składniki:

- ½ szklanki mąki sojowej
- 2 szklanki mąki pszennej
- ¼ szklanki) cukru
- Szczypta soli
- ¾ łyżeczka mielonej gałki muszkatołowej
- 1 łyżeczka proszku do pieczenia
- 1 łyżka drożdży
- 1 szklanka wody
- olej do smażenia

Wskazówki:

a) Połącz wszystkie suche składniki, dokładnie wymieszaj

b) Dodaj wodę, aż powstanie gładkie ciasto

c) Pozostawić do wyrośnięcia 45-60 minut

d) Ciasto rozwałkować na posypanej mąką powierzchni

e) Pokroić na kawałki o pożądanym rozmiarze

f) Smażyć na oleju, od czasu do czasu obracając, aż uzyska złoty kolor

g) Usuń z oleju, pozostaw do spuszczenia i ostygnięcia przed przechowywaniem

23. Pączki sojowe

Składniki:

- 1 szklanka mąki sojowej
- 1 szklanka mąki pszennej
- 2 łyżeczki proszku do pieczenia
- ¼ łyżeczki soli
- 1 łyżka oleju
- 3 łyżki cukru
- 1/3 szklanki mleka lub wody
- 1 jajko
- ¼ łyżeczki mielonego cynamonu lub gałki muszkatołowej
- olej do smażenia

Wskazówki:

a) Przesiej mąkę, proszek do pieczenia, sól i przyprawy razem

b) Połącz jajko, cukier i olej; bić dokładnie

c) Połącz suchą mieszankę, mieszankę jajek i mleko/wodę

d) Dokładnie wymieszaj; w razie potrzeby dodaj dodatkową mąkę, ale utrzymuj ciasto tak miękkie, jak to możliwe

e) Rozwałkuj ciasto do grubości ½ cala na posypanej mąką powierzchni

f) Pokrój na kształt pączka, używając górnej części szklanki lub puszki

g) Smażyć na oleju na umiarkowanym ogniu; obróć się, gdy pączki wzniosą się na górę

h) Usuń, gdy złocistobrązowy i odcedź

24. Bułeczki sojowe

Składniki:

- 2 szklanki mąki sojowej
- 2 szklanki mąki pszennej
- ¼ szklanki) cukru
- 1 ½ łyżeczki soli
- ¼ szklanki oleju
- 2 łyżki drożdży
- 1 szklanka ciepłej wody

Wskazówki:

a) Drożdże rozpuścić w ciepłej wodzie, odstawić na 15 minut

b) Przesiej razem mąkę sojową i pszenną

c) Połącz mieszaninę drożdży, cukier, sól i olej

d) Wymieszaj w mieszance mąki

e) Wyłożyć ciasto na posypaną mąką powierzchnię, zagnieść do uzyskania gładkiej i elastycznej konsystencji (około 10 minut)

f) Umieść ciasto w natłuszczonej misce; przykryj i odstaw do wyrośnięcia w ciepłym miejscu, aż podwoi swoją objętość (około 1 – 1 ½ godziny)

g) Po podwojeniu ubić i uformować bułeczki, umieszczając je w wysmarowanej tłuszczem garnku do pieczenia

h) Pozostawić ponownie do wyrośnięcia, aż podwoi swój rozmiar (około 1 godziny)

i) Wstawić do rozgrzanego piekarnika i piec 12-20 minut

25. Ciasto Bananowo Sojowe

Składniki:

- 1 szklanka mąki sojowej
- 1 szklanka mąki pszennej
- 1 łyżka proszku do pieczenia
- $\frac{1}{2}$ łyżeczki soli
- 1 łyżeczka cynamonu lub gałki muszkatołowej (opcjonalnie)
- 1 jajko, ubite
- 3 łyżki oleju
- 1 szklanka wody lub mleka
- 1 łyżeczka aromatu waniliowego (opcjonalnie)
- 3 banany (bardzo dojrzałe), puree

Wskazówki:

a) Połącz mąki z solą, proszkiem do pieczenia i przyprawami (jeśli używasz)

b) Zmieszaj roztrzepane jajko, olej, wodę/mleko i wanilię (jeśli używasz) z puree bananowym

c) Połącz mokre i suche mieszanki, mieszaj, aż powstanie ciasto

d) Włożyć do wysmarowanej tłuszczem garnka

e) Piec w piekarniku przez około 1 godzinę

26. Kebaby sojowe

Składniki:

- 2 szklanki włókien manioku (przygotowanych jak poniżej)
- 1 szklanka mąki sojowej
- ¼ łyżeczki soli
- 2 cebule (małe), pokrojone w kostkę
- 1 marchewka (opcjonalnie), pokrojona w kostkę lub starta
- 1 słodka papryka (opcjonalnie), pokrojona w kostkę
- Ostra papryka (opcjonalnie), pokrojona w kostkę
- Woda
- olej do smażenia

Wskazówki:

a) Obierz i oczyść maniok

b) Użyj blendera lub moździerza i tłuczka, aby przetworzyć maniok, oddzielając skrobię od włókien

c) Wymieszaj włókna manioku z mąką sojową

d) Połącz pozostałe składniki

e) Dodaj wodę, aż składniki się połączą

f) Formuj w pożądane kształty

g) Smażyć na oleju, usuwając, gdy się zarumieni

27. Chleb Pszenny Melasa

Składniki:

- 1 C. Świeżo zmielona mąka pełnoziarnista
- 1 partia Okara
- 2 łyżeczki drożdży
- 2 łyżeczki Witalnego glutenu pszennego
- 1 łyżeczka Wzmacniacza do chleba
- 1 łyżka melasy z sorgo
- 1 łyżka maślanki w proszku
- 1 łyżeczka oleju sojowego (opcjonalnie)
- mleko sojowe

Wskazówki:

a) Połącz wszystkie składniki, aby uzyskać gęstą papkę podobną do ciasta na naleśniki. Jeśli mleko sojowe jest zimne, podgrzej je przed dodaniem, aby przyspieszyć działanie drożdży.

b) Odstaw do miski do wyrośnięcia, aż po wymieszaniu zrobi się jak gąbka i będzie musująca i lekka.

c) Gdy biszkopt jest gotowy, wmieszaj niebieloną białą mąkę, aż ciasto będzie można zagnieść i wyrabiaj przez kilka minut, aby uzyskać dobre wyczucie.

d) Wyroś w misce, aż się podwoi, ubij i dodaj tyle mąki, aby ponownie zagnieść ciasto, aby nie było zbyt lepkie.

e) Uformuj ciasto w blok wielkości patelni do chleba, posmaruj patelnię i włóż ciasto do formy.

f) Uformuj brzegi palcami, aby ciasto równomiernie wypełniło patelnię. Ponownie wyrośnąć, aż ciasto osiągnie górną krawędź patelni. Wstawiamy do zimnego piekarnika, ustawiamy temperaturę piekarnika na 350 F. i pieczemy chleb aż lekko się zrumieni, a po wyjęciu z formy i stuknięciu w dno chleb będzie brzmiał głucho.

g) Zajmie to około 50 do 60 minut, ale czas może się różnić w zależności od temperatury składników.

h) Wytrzyj górę masłem lub margaryną, gdy bochenek jest ciepły, aby uzyskać bardzo miękką konsystencję

DANIA SOJOWE OKARA

28. Okara Mochi

Składniki:

- 1/2 dol. Okara
- 1/2 dol. mąka ararutowa
- 1/4 dol. mleko sojowe lub woda
- 1/2 tony. Sól

Wskazówki:

a) Połącz składniki i trochę ugniataj.

b) Naoliwić patelnię, rozgrzać do średniej mocy, dodać mochi i smażyć z obu stron, aż na zewnątrz stwardnieje.

c) Zmniejsz ogień do średnio-niskiego i gotuj, aż zbrązowieją z obu stron i będą lepkie w środku jak mochi.

d) Zdjąć z patelni i zmiażdżyć pałeczkami z przodu na mieszankę równych części sosu sojowego i miodu

29. Ciasteczka migdałowe

Składniki:

- 1c. Okara
- 1c. mąka pełnoziarnista
- 1/4 dol. olej
- 2/3 w. miód
- 2 tony ekstrakt z migdałów
- 1/2 tony. proszek do pieczenia

Wskazówki:

a) Rozgrzej piekarnik do 350° F. Płynne składniki połącz z sodą oczyszczoną i szybko dodaj do mąki i okary.

b) Upuść łyżkami stołowymi lub łyżką lodów na naoliwioną lub spryskaną blachę do ciastek i spłaszcz do grubości 1/2 cala.

c) Umieść całe lub pokrojone migdały (najlepiej do tego surowe) na środku każdego ciasteczka i piecz 12-15 minut, aż się zarumienią.

d) Robi 18 ciasteczek.

30. Paski Okara „Kurczak"

Składniki:

- Jedna puszka 6 uncji koncentratu pomidorowego
- przyprawy do wyboru
- 3 szklanki szybkich płatków owsianych.

Wskazówki:

a) W dużej misce wymieszaj okarę, koncentrat pomidorowy i przyprawy. Dodawaj płatki owsiane po jednej filiżance na raz, przy ostatniej filiżance będziesz musiał mieszać rękami.

b) Dobrze wymieszaj. Kształtuj w cienkie paski (3 cale długości i 3/4 cala grubości)

c) Możesz je ugotować na dwa sposoby: Piecz je w piekarniku 350 stopni przez 30 - 45 minut. Lub podgrzej trochę oleju na patelni na średnim ogniu. Zanurz paski w mleku sojowym, a następnie obtocz w mące. Smaż na patelni, przewracając raz na złoty kolor. Odcedź na ręcznikach papierowych.

d) Podawać z ketchupem i musztardą miodową.

31. Smoothie z pomarańczowego mleka sojowego

Składniki:

- Dwie szklanki mleka sojowego
- $\frac{1}{2}$ szklanki mniej lub więcej mrożonego soku pomarańczowego
- Jedna łyżeczka soku z cytryny
- Cukier według życzenia
- Kostki lodu według życzenia

Wskazówki:

a) Połącz wszystkie składniki, z wyjątkiem lodu, w elektrycznym blenderze. Miksuj do uzyskania gładkości.

b) Dodaj lód i zmiksuj kolejne 15-30 sekund.

c) Wlej do szklanek i ciesz się.

32. burgery z czarnej fasoli

Składniki:

- 1 puszka 1 funta czarnej fasoli, odsączonej i lekko zmiażdżonej.
- 2 łyżki startej cebuli
- 2 ząbki czosnku starte
- 1/2 marchewki startej
- 1/2 łyżeczki soli
- około 1 szklanki okruchów chleba smakowego
- Olej do gotowania

Wskazówki:

a) wymieszaj razem okarę i fasolę, trochę ugniatając fasolę. Dodaj resztę składników, używając tylko tyle bułki tartej, aby uzyskać sztywne „ciasto" z około 2 łyżkami bułki tartej z boku.

b) Uformować placki i spłaszczyć, obtoczyć dodatkową bułką tartą i usmażyć na rozgrzanej patelni na oleju.

c) Można to upiec w piekarniku i ewentualnie spryskać wybranym olejem.

d) Podawaj z ulubionym sosem do maczania lub moją ulubioną salsą. Dodaj sałatkę i masz zdrowy obiad wypełniony błonnikiem.

DRESSINGI I SOSY SOJOWE

33. Sos sojowy boloński

Składniki:

- 1 szklanka suchego mielonego soi
- 2 łyżki sosu sojowego
- 2 łyżki octu
- 1 szklanka wrzącej wody
- 1 łyżka oleju
- 2 łyżeczki gorczycy
- 1 łyżeczka chili w proszku
- 1 łyżeczka garam masala
- 1/4 żółtej papryki, pokrojonej w kostkę
- 1/4 czerwonej papryki, pokrojonej w kostkę
- 50g pokrojonych w plasterki pieczarek
- 1 mały brinjal, pokrojony w kostkę (opcjonalnie)
- 1/2 szklanki mrożonego groszku (opcjonalnie)
- 1 szklanka zimnej wody
- 1 1/2 łyżeczki soli
- 140g puszki koncentratu pomidorowego

- 1 łyżka brązowego cukru

Wskazówki:

a) Włóż mięso sojowe do miski.

b) Wymieszaj sos sojowy, ocet i wrzącą wodę. Zalej mielone mięso i odstaw.

c) W garnku podgrzej oliwę z oliwek.

d) Dodaj nasiona gorczycy i garam masala.

e) Gdy nasiona wystrzelą, dodaj chili w proszku.

f) Dodaj warzywa i smaż przez kilka minut. Dodaj mieloną soję i smaż przez jakiś czas. Dodaj szklankę wody i koncentratu pomidorowego. Gotuj przez 15 – 20 minut.

g) Na koniec dodaj cukier.

34. Pasztet z ziaren soi

Wydajność: 4 porcje

Składniki:

- 1 szklanka namoczonej soi
- 1 średnia cebula, drobno posiekana
- 1 łyżka oliwy z oliwek
- 2 łyżki pasty pomidorowej
- 2 łyżki czarnych oliwek, bez pestek i posiekanych
- 2 łyżki posiekanej natki pietruszki
- 1 szczypta soli
- 1 łyżka nasion sezamu, lekko prażonych

Wskazówki:

a) Odcedź fasolę, zalej świeżą wodą i zagotuj. Gotuj przez 10 minut, zmniejsz ogień, przykryj i gotuj do miękkości, około 2 godzin, w zależności od wieku fasoli. Odcedź i odłóż na bok. Po schłodzeniu zacieru.

b) Podgrzej oliwę z oliwek i podsmaż cebulę, aż będzie bardzo miękka, przez 10 minut. Dodaj do puree z ziaren soi. Wymieszaj koncentrat pomidorowy, oliwki, pietruszkę, w razie potrzeby sól i sezam.

c) Włóż łyżkę do naczynia do serwowania i schłódź przez co najmniej 30 minut przed podaniem. Podawać z krakersami lub tostami pokrojonymi w palce.

35. Sojowy dip z oliwą i cytryną

Wydajność: 4 porcje

Składniki:

- 8 uncji namoczonych ziaren soi
- 6 łyżek oliwy z oliwek
- 2 cebule, posiekane
- 2 łyżki oliwy z oliwek
- 3 łyżki soku z cytryny
- 5 łyżek soku z cytryny
- 1 łyżeczka słodzika w płynie
- Sól dla smaku
- 3 łyżki posiekanej natki pietruszki
- 1 łyżeczka papryki

Wskazówki:

a) DIP: Opłucz ziarna soi, zalej świeżą wodą i gotuj przez 2 godziny lub do miękkości. Odcedź i odłóż na bok.

b) Rozgrzej olej na patelni i podsmaż cebulę do miękkości przez 5 minut. Włóż cebulę i olej do blendera razem z gotowaną fasolą, sokiem z cytryny, słodzikiem i solą. Miksuj do uzyskania gładkości. Przełóż dip do miski do serwowania.

c) OGRÓD: Wymieszaj wszystkie składniki razem i polej mieszanką przez dip. Natychmiast podawaj.

36. Hummus sojowy

Wydajność: 1 porcja

Składniki:

- 1 szklanka suchej soi - namoczonej i odsączonej
- 3 łyżki soku z cytryny
- ¼ szklanki oliwy z oliwek
- 2 łyżki posiekanej świeżej pietruszki
- 1 ząbek czosnku
- Sól i pieprz

Wskazówki:

a) Zmiksuj wszystkie składniki w robocie kuchennym na gładką masę.

b) Cieszyć się.

37. Sos sojowy i sezamowy

Wydajność: 6 porcji

Składniki:

- kufel Niban Dashi
- 1 szczypta MSG
- ¼ łyżeczki sosu sojowego
- 1 szczypta soli
- 2½ łyżeczki cukru
- 1½ łyżeczki sake
- 1½ uncji białego sezamu, zmielonego
- 1½ łyżeczki cukru
- 2½ łyżki sake
- 5 łyżeczek sosu sojowego

Wskazówki:

a) Podgrzewanie Ske do letniej na dużym ogniu. Podpal Sake i pozwól spalić się, aż płomień zgaśnie.

b) Wlej Sake do małej miski i ostudź do temperatury pokojowej.

c) Dodaj wszystkie składniki i dokładnie wymieszaj.

PRZYSMAKI SOJOWE DLA DZIECI

38. Ciasteczka do żucia

Składniki:

- Mleko sojowe, 2 kubki
- Cukier puder, ¾ szklanki
- Kakao w proszku, 2 łyżki
- Mąka samorosnąca, 5 łyżek
- Białko jajka, 2
- Migdały, posiekane, 60 g

Wskazówki:

a) Rozgrzej piekarnik do 200°C.

b) Wyłożyć i lekko natłuścić blachy do pieczenia.

c) Przesiej razem mleko sojowe, cukier puder, kakao w proszku i mąkę samorosnącą.

d) Białka ubić w misce blenderem ręcznym lub mikserem elektrycznym na średnich obrotach na sztywną pianę, a następnie wymieszać, aż będzie dobrze wymieszana.

e) Dodać posiekane migdały.

f) Ułóż około 20 zaokrąglonych łyżek ciasta na lekko natłuszczoną blachę do pieczenia w odległości 5 cm od siebie.

g) Piecz każdą tackę z ciasteczkami przez około 15 minut lub do momentu, gdy ciasteczka będą lekko brązowe i jędrne.

h) Wyjmij ciasteczka z tacy i schłódź na stojaku na ciastka lub ręcznikach papierowych.

i) Po schłodzeniu przechowuj ciasteczka w hermetycznym pojemniku.

39. Ciasteczka owsiane

Składniki:

- Mleko sojowe, 1½ szklanki
- Gorąca woda, 1/3 szklanki
- Margaryna (bezmleczna), 84 g
- Cukier brązowy, 68 g
- Jajko, 1
- Esencja waniliowa, 1 łyżeczka
- Esencja waniliowa, 1 szklanka
- Mąka samorosnąca, 63 g
- Soda oczyszczona, 1/4 łyżeczki
- Cynamon, 1/4 łyżeczki
- Rodzynki, 83 g
- Migdały, posiekane, 60 g

Wskazówki:

a) Lekko posmaruj arkusze ciastek.

b) Wymieszaj mleko sojowe i gorącą wodę.

c) Wymieszaj przygotowane mleko sojowe, margarynę, brązowy cukier, jajko i esencję waniliową w misce mikserem elektrycznym na wysokich obrotach, aż się zmieszają.

d) Płatki owsiane wymieszaj, mąkę samorosnącą, sodę oczyszczoną i cynamon i dodaj do masy. Mieszaj na niskich obrotach, aż się połączą. Dodaj rodzynki i migdały.

e) Ułóż zaokrąglone łyżki ciasta na lekko natłuszczonym arkuszu ciasteczek, w odległości 2 cali od siebie.

f) Piecz ciasteczka w 180°C przez 12 minut lub do lekkiego zrumienienia.

g) Usuń ciasteczka i schłódź je na stojaku na ciastka lub ręcznikach papierowych.

h) Po schłodzeniu przechowuj ciasteczka w hermetycznym pojemniku.

40. Tartlets Owocowe

Składniki:

- Mleko sojowe, 6 filiżanek
- Woda, 240 ml
- Mąka kukurydziana, 1 ½ łyżki
- Cukier, 2 łyżki
- Jadalne żółte jedzenie, 1 kropla barwnika
- Esencja waniliowa, ½ łyżeczki
- Mini etui na tartlet, 15
- Plastry świeżych owoców do dekoracji

Wskazówki:

a) Na patelni z grubym dnem wymieszaj mleko sojowe, wodę, mąkę kukurydzianą, cukier, barwnik spożywczy i esencję waniliową.

b) Delikatnie podgrzej miksturę, cały czas mieszając na małym ogniu, aż krem zgęstnieje.

c) Przełóż krem do mini tartlets.

d) Obsługiwać; posypane plastrami świeżych owoców.

41. Krem Czekoladowy

Składniki:

- Mleko sojowe, 6 filiżanek
- Woda, 240 ml
- Mąka kukurydziana, 1 ½ łyżki
- Cukier, 2 łyżki
- Kakao w proszku, 1 łyżka stołowa
- Mini etui na tartlet, 15
- Migdały, drobno posiekane

Wskazówki:

a) Na patelni z grubym dnem wymieszaj mleko sojowe, wodę, mąkę kukurydzianą, cukier i kakao w proszku.

b) Delikatnie podgrzej miksturę, cały czas mieszając na małym ogniu, aż krem zgęstnieje.

c) Przełóż krem do pojedynczych filiżanek lub mini tartlets.

d) Obsługiwać; posypane posiekanymi migdałami.

42. Zupa Grzybowa

Składniki:

- Mleko sojowe, 4 szklanki
- Gorąca woda, 1 szklanka
- Wywar z kurczaka, 1 ½ szklanki
- Pieczarki, 200 g
- Grzyby shiitake, 100 g
- Boczniaki, 80 g
- Margaryna, 1 łyżka stołowa
- Sól

Wskazówki:

a) Wymieszaj mleko sojowe i gorącą wodę.

b) Zagotuj wywar z kurczaka w garnku.

c) Pokrój grzyby na mniejsze kawałki.

d) Dodaj pieczarki i margarynę w bulionie. Gotuj na wolnym ogniu przez około 10 minut.

e) Stopniowo dodawać przygotowane mleko sojowe do gotującego się wywaru, cały czas mieszając.

f) Zdjąć zupę z ognia i schłodzić.

g) Używając blendera, zmiksuj zupę, aż będzie gładka.

h) Ponownie podgrzej i wlej do miseczek. Udekoruj w razie potrzeby.

i) Podawaj zupę natychmiast.

43. Huat Kueh

Składniki:

- Proszek Huat kueh, 500 g
- Mleko sojowe, 6 filiżanek
- Woda, 240 ml
- Barwnik spożywczy
- Aromat do żywności

Wskazówki:

a) Wymieszaj proszek huat kueh z mlekiem sojowym i wodą.

b) Dobrze wymieszać.

c) Ustaw parowiec do wrzenia.

d) Mieszankę wlać do 12 mini papierowych kubków.

e) Gotuj na parze przez 30 do 45 minut, aż szpikulec włożony do kueh będzie czysty.

f) Wyjmij kuehs z naczynia do gotowania na parze i pozwól im ostygnąć przed podaniem.

g) Podawać z wiórkami kokosowymi i brązowym cukrem

44. Ciasto ryżowe

Składniki:

- Zwykła mąka ryżowa, 1 filiżanka
- Mleko sojowe, ¼ szklanki
- Cukier, 2 łyżki
- Drożdże suszone, ½ łyżeczki
- Soda oczyszczona, ½ łyżeczki
- Woda, 125 ml
- Rodzynki, 28 g

Wskazówki:

a) Wymieszaj mąkę ryżową z mlekiem sojowym, cukrem, drożdżami i sodą oczyszczoną.

b) Dodaj wodę i dobrze wymieszaj, aby uzyskać ciasto.

c) Pozostaw mieszaninę do wyrośnięcia na 1 godzinę.

d) Dodaj rodzynki.

e) Ustaw parowiec do wrzenia.

f) Mieszankę wlać do 12 mini papierowych kubków.

g) Gotuj na parze przez 30 do 45 minut, aż szpikulec włożony do ciastek ryżowych będzie czysty.

h) Wyjmij ciastka ryżowe z naczynia do gotowania na parze i pozwól im ostygnąć przed podaniem.

45. Babeczki z żurawiną miodową

Składniki:

- Mąka samorosnąca, 2 szklanki
- Przyprawa mieszana, 1 łyżeczka
- Cukier, 2 łyżki
- Margaryna (bezmleczna), 90 g
- Mleko sojowe, 3 szklanki
- Woda, 50 ml
- Miód, 2 łyżki
- Suszona żurawina, 2 łyżki

Wskazówki:

a) Rozgrzej piekarnik do 200°C.

b) Wyłóż i lekko posmaruj blachę do pieczenia.

c) Przesiej mąkę i przyprawę.

d) Dodaj cukier.

e) Wcieraj margarynę, aż będzie przypominała bułkę tartą.

f) Wymieszaj mleko sojowe z wodą.

g) Dodaj miód i przygotowane mleko sojowe i wymieszaj, aby uzyskać miękkie ciasto.

h) Dodaj żurawinę.

i) Ciasto wyłożyć na lekko posypaną mąką deskę. Zagnieść ciasto, aż będzie gładkie.

j) Ciasto lekko rozwałkować do grubości około 2cm.

k) Wytnij 12 bułeczek.

l) Połóż je na lekko natłuszczonej blasze do pieczenia.

m) Piecz bułeczki na niskim ruszcie przez 15 do 20 minut, aż zarumienią się na złoty kolor.

46. Suflet

Składniki:

- Mleko sojowe, 6 filiżanek
- Gotowane schłodzone, $\frac{3}{4}$ szklanka wody
- Pomarańczowe kryształki galaretki, 1 opakowanie, 90 g
- Gorąca woda, 1 szklanka
- mandarynka, 60 g

Wskazówki:

a) Zmieszaj mleko sojowe z wcześniej przegotowaną schłodzoną wodą.

b) Dobrze wymieszaj i schłódź w lodówce.

c) Wymieszaj kryształki galaretki z gorącą wodą.

d) Dobrze wymieszaj, aż kryształy się rozpuszczą.

e) Wlej miksturę do szklanej miski i pozostaw do schłodzenia w zamrażarce, aż mieszanina będzie prawie zestalona.

f) Wyjmij miksturę z zamrażarki i ubij ją z przygotowanym mlekiem sojowym, aż mieszanina stanie się pienista.

g) Włóż mieszaninę do lodówki, aby stężała.

h) Podawać z pomarańczowymi kawałkami.

47. Galaretka Mango

Składniki:

- Żelatyna, 4 łyżeczki
- Gorąca woda, ½ szklanki
- Mleko sojowe, 6 kubki
- Mango, 1-2
- Woda, 125 ml
- Cukier, 2 łyżki
- Sok z cytryny, 2 łyżki

Wskazówki:

a) Wymieszaj żelatynę i gorącą wodę.

b) Dobrze wymieszaj, aż się rozpuści.

c) Za pomocą robota kuchennego zmiksuj przygotowaną żelatynę, mleko sojowe, plasterki mango, wodę, cukier i sok z cytryny.

d) Wlej mieszankę do miski z galaretką i odstaw do lodówki.

e) W razie potrzeby podawać ze świeżymi owocami.

48. Koktajl owocowy

Składniki:

- Mleko sojowe, 6 kubki
- Sok owocowy z wyboru,   1 filiżanka

Wskazówki:

a) Wymieszaj sok owocowy i mleko sojowe w proszku.

b) Natychmiast podawaj.

49. Lód na patyku

Składniki:

- Żelatyna, 4 łyżeczki
- Gorąca woda, 60 ml
- Mleko sojowe, 8 kubki
- Owoce z wyboru, 100 gramów
- Woda, 400 ml
- Cukier, 1 łyżka stołowa
- Barwnik spożywczy
- Aromat do żywności

Wskazówki:

a) Wymieszaj żelatynę i gorącą wodę.

b) Dobrze wymieszaj, aż się rozpuści.

c) Odstawić na 15 minut.

d) Wymieszaj pozostałe składniki i dobrze wymieszaj.

e) Dodaj przygotowaną żelatynę do mieszanki i dobrze wymieszaj.

f) Wlej miksturę do foremek i pozostaw w zamrażarce.

50. Lody sojowe malinowe

Składniki

- 1 kwarta niesłodzonego mleka sojowego
- 2/3 szklanki miodu
- 2 łyżeczki ekstraktu waniliowego
- 2/3 szklanki gęstego jogurtu w stylu greckim
- 2 szklanki mrożonych malin

Wskazówki:

a) Połącz mleko sojowe, miód i wanilię w dużym rondlu i podgrzewaj przez około 5 minut, często mieszając, aby rozpuścić cukier w mleku sojowym. Zdejmij z ognia, dodaj jogurt i maliny, przenieś miksturę do blendera i partiami, jeśli to konieczne, zmiksuj na gładką masę.

b) Włącz maszynkę do lodów i powoli wlewaj do niej gładką mieszankę mleka sojowego i malin; ubijać do konsystencji lodów miękkich, około 45 minut. Natychmiast przelej do dużego zamykanego pojemnika, przyciśnij plastikową folię do powierzchni lodów, zamknij pojemnik i zamrażaj przez co najmniej kilka godzin.

c) Wyjmij z zamrażarki i odstaw na 10 minut przed nabraniem.

DANIA Z TOFU

51. Twaróg Fasolowy z Sosem Ostrygowym

Składniki:

- 8 uncji twarogu fasolowego
- 4 uncje świeżych grzybów 6 zielonych cebul
- 3 łodygi selera
- czerwona lub zielona papryka
- łyżki oleju roślinnego 1/2 szklanki wody
- łyżka mąki kukurydzianej
- łyżki sosu ostrygowego 4 łyżeczki suszonej sherry
- 4 łyżeczki sosu sojowego

Wskazówki:

a) Pokrój twaróg w kostkę 1/2 cala. Pieczarki oczyścić i pokroić w plasterki. Pokrój cebulę na 1 calowe kawałki. Pokrój seler na plasterki o przekątnej 1/2 cala. Usuń nasiona z papryki i pokrój paprykę na 1/2 calowe kawałki.

b) 1 łyżkę oleju rozgrzać w woku na dużym ogniu. Smaż twaróg na oleju, delikatnie mieszając, aż będzie jasnobrązowy, 3 minuty. Usuń z patelni.

c) Pozostałą 1 łyżkę oleju podgrzej w woku na dużym ogniu. Dodać pieczarki, cebulę, seler i pieprz. Smażyć mieszając przez 1 minutę.

d) Zwróć twaróg fasolowy do woka. Lekko wrzucić do połączenia. Zmiksuj wodę, skrobię kukurydzianą, sos ostrygowy, sherry i sos sojowy. Zalej mieszankę w woku. Gotuj i
e) mieszaj, aż płyn się zagotuje. Gotuj i mieszaj 1 minutę dłużej.

52. Tofu smażone w głębokim tłuszczu

Wydajność 2¾ filiżanek

Składniki:

- 1 blok firmy tofu
- ¼ szklanki mąki kukurydzianej
- 4-5 filiżanek oleju do smażenia

Wskazówki:

a) Odcedź tofu i pokrój w kostkę. Posmaruj mąką kukurydzianą.

b) Dodaj olej do rozgrzanego woka i podgrzej do 350 ° F. Gdy olej będzie gorący, dodaj kostkę tofu i smaż na głębokim tłuszczu, aż staną się złote. Odcedź na ręcznikach papierowych.

c) Ten smaczny i pożywny shake to idealne śniadanie lub popołudniowa przekąska. Dla dodatkowego smaku dodaj sezonowe jagody.

53. Twaróg Fermentowanej Fasoli ze Szpinakiem

Składniki:

- 5 filiżanek liści szpinaku
- 4 kostki sfermentowanego twarogu fasolowego z chili
- Szczypta proszku z pięcioma przyprawami (mniej niż ⅛ łyżeczka)
- 2 łyżki oleju do smażenia
- 2 ząbki czosnku, posiekane

Wskazówki:

a) Zblanszować szpinak, zanurzając na krótko liście we wrzącej wodzie. Dokładnie odcedź.

b) Zetrzyj sfermentowane kostki tofu i wymieszaj z pięcioma przyprawami w proszku.

c) Dodaj olej do rozgrzanego woka lub patelni. Gdy olej będzie gorący, dodaj czosnek i krótko smaż, aż będzie aromatyczny. Dodaj szpinak i smaż przez 1-2 minuty. Dodaj puree z fasoli na środku woka i wymieszaj ze szpinakiem.

d) Gotuj i podawaj na gorąco.

54. Duszone Tofu

Składniki:

- 1 funt wołowiny
- 4 suszone grzyby
- 8 uncji prasowanego tofu
- 1 szklanka jasnego sosu sojowego
- $\frac{1}{4}$ szklanki ciemnego sosu sojowego
- $\frac{1}{4}$ szklanki chińskiego wina ryżowego lub wytrawnej sherry
- 2 łyżki oleju do smażenia
- 2 plastry imbiru
- 2 ząbki czosnku, posiekane
- 2 szklanki wody
- 1 gwiazdka anyżu

Wskazówki:

a) Wołowinę pokroić w cienkie plasterki. Namocz suszone grzyby w gorącej wodzie przez co najmniej 20 minut, aby zmiękły. Delikatnie ściśnij, aby usunąć nadmiar wody i pokrój.

b) Pokrój tofu w $\frac{1}{2}$-calową kostkę. Połącz jasny sos sojowy, ciemny sos sojowy, wino ryżowe Konjac, białe i brązowe i odstaw na bok.

c) Dodaj olej do rozgrzanego woka lub patelni. Gdy olej będzie gorący, dodaj plasterki imbiru i czosnku i krótko smaż mieszając, aż będzie aromatyczny. Dodaj wołowinę i gotuj, aż się zrumieni. Zanim wołowina się upiecze, dodaj kostki tofu i krótko podsmaż.

d) Dodaj sos i 2 szklanki wody. Dodaj anyż. Doprowadź do wrzenia, a następnie zmniejsz ogień i gotuj na wolnym ogniu. Po 1 godzinie dodaj suszone grzyby. Gotuj na wolnym ogniu przez kolejne 30 minut lub aż płyn się zmniejszy. W razie potrzeby usuń anyż przed podaniem.

55. Makaron Chiński w Sosie Orzechowo-Sezamowym

Składniki:

- 1 funt makaronu po chińsku
- 2 łyżki ciemnego oleju sezamowego

Ubieranie się:

- 6 łyżek masła orzechowego 1/4 szklanki wody
- 3 łyżki jasnego sosu sojowego 6 łyżek ciemnego sosu sojowego
- 6 łyżek tahini (pasta sezamowa)
- 1/2 szklanki ciemnego oleju sezamowego 2 łyżki sherry
- 4 łyżeczki octu ryżowego 1/4 szklanki miodu
- 4 średnie ząbki czosnku, mielone
- 2 łyżeczki mielonego świeżego imbiru
- 2-3 łyżki oliwy z ostrą papryką (lub ilość według własnych upodobań) 1/2 szklanki gorącej wody

Garnirunek:

- 1 marchewka, obrana
- 1/2 jędrnego średniego ogórka, obranego, posiekanego i posiekanego 1/2 szklanki prażonych orzeszków ziemnych, grubo posiekanych
- 2 zielone cebule, pokrojone w cienkie plasterki

Wskazówki:

a) Ugotuj makaron w dużym garnku z wrzącą wodą na średnim ogniu. Gotuj do miękkości i jędrności. Natychmiast odcedź i spłucz zimną wodą do ostygnięcia. Dobrze odcedź i wlej makaron (2 łyżki stołowe) ciemnego oleju sezamowego, aby się nie sklejały.

b) DO DRESSINGU: połącz wszystkie składniki z wyjątkiem gorącej wody w blenderze i zmiksuj do uzyskania gładkości. Rozcieńczyć gorącą wodą do konsystencji bitej śmietany.

c) Do dekoracji, obierz miąższ marchwi krótkimi wiórkami o długości około 4 cali. Umieść w lodowatej wodzie na 30 minut, aby się zwijały. Tuż przed podaniem wrzuć makaron z sosem.

d) Udekoruj ogórkiem, orzeszkami ziemnymi, zieloną cebulką i marchewkami. Podawać na zimno lub w temperaturze pokojowej.

56. Makaron mandaryński

Składniki:

- suszone grzyby chińskie
- 1/2 funta świeżego chińskiego makaronu 1/4 szklanki oleju arachidowego
- łyżka sosu hoisin 1 łyżka sosu fasolowego
- łyżki wina ryżowego lub wytrawnej sherry 3 łyżki jasnego sosu sojowego
- lub kochanie
- 1/2 szklanki zarezerwowanego płynu do moczenia grzybów 1 łyżeczka pasty chili
- 1 łyżka mąki kukurydzianej
- 1/2 czerwonej papryki - w kostkach 1/2 cala
- 1/2 8 uncji puszki całe pędy bambusa, pokrojone w 1/2 kostki opłukane i odsączone 2 szklanki kiełków fasoli
- szalotka - cienko pokrojona

Wskazówki:

a) Namocz grzyby chińskie w 1 1/4 szklanki gorącej wody przez 30 minut. Podczas moczenia zagotuj 4 litry wody i gotuj makaron przez 3 minuty. Odcedź i wrzuć 1 łyżkę oleju arachidowego; odłożyć na bok.

b) Usuń grzyby; odcedź i zachowaj 1/2 szklanki płynu do namaczania na sos.

c) Przytnij i wyrzuć łodygi grzybów; grubo posiekaj czapki i odstaw na bok.

d) Połącz składniki sosu w małej misce; odłożyć na bok. Rozpuść skrobię kukurydzianą w 2 łyżkach zimnej wody; odłożyć na bok.

e) Umieść wok na średnim ogniu. Gdy zacznie palić, dodaj pozostałe 3 łyżki oleju arachidowego, następnie pieczarki, czerwoną paprykę, pędy bambusa i kiełki fasoli. Smażyć 2 minuty.

f) Wymieszaj sos i dodaj go do woka i dalej smaż, aż mieszanina zacznie się gotować, około 30 sekund.

g) Wymieszaj rozpuszczoną skrobię kukurydzianą i dodaj ją do woka. Kontynuuj mieszanie, aż sos zgęstnieje, około 1 minuty. Dodaj makaron i wymieszaj, aż się podgrzeją, około 2 minut.

h) Przełóż na półmisek i posyp pokrojoną szalotką. Natychmiast podawaj

57. Twaróg Fasolowy z Sosem Fasolowym i Makaronem

Składniki:

- 8 uncji świeżego makaronu po pekińsku
- 1 12-uncjowy blok twardego tofu
- 3 duże łodyżki bok choy ORAZ 2 zielone cebule
- ⅓ szklanka ciemnego sosu sojowego
- 2 łyżki sosu z czarnej fasoli
- 2 łyżeczki chińskiego wina ryżowego lub wytrawnej sherry
- 2 łyżeczki czarnego octu ryżowego
- ¼ łyżeczki soli
- ¼ łyżeczki pasty chili z czosnkiem
- 1 łyżeczka gorącego oleju chili
- ¼ łyżeczki oleju sezamowego
- ½ szklanki wody
- 2 łyżki oleju do smażenia
- 2 plasterki mielonego imbiru
- 2 ząbki czosnku, posiekane
- ¼ czerwonej cebuli, posiekanej

Wskazówki:

a) Makaron gotujemy we wrzącej wodzie do miękkości. Dokładnie odcedź. Odcedź tofu i pokrój w kostkę.

b) Bok choy ugotować przez krótkie zanurzenie we wrzącej wodzie i dokładnie odcedzić. Oddziel łodygi i liście. Pokrój zieloną cebulę po przekątnej na 1-calowe plastry.

c) Połącz ciemny sos sojowy, sos z czarnej fasoli, wino ryżowe Konjac, czarny ocet ryżowy, sól, pastę chili z czosnkiem, Hot Chili Oil, olej sezamowy i wodę. Odłożyć na bok.

d) Dodaj olej do rozgrzanego woka lub patelni. Gdy olej będzie gorący, dodaj imbir, czosnek i zieloną cebulkę.

e) Krótko smażyć, aż będzie aromatyczna. Dodaj czerwoną cebulę i krótko podsmaż.

f) Popchnij na boki i dodaj łodygi bok choy. Dodaj liście i smaż mieszając, aż bok choy stanie się jasnozielony, a cebula będzie miękka. W razie potrzeby dopraw $\frac{1}{4}$ łyżeczki soli

g) Dodaj sos na środku woka i zagotuj. Dodaj tofu. Gotuj przez kilka minut, aby tofu wchłonęło sos.

h) Dodaj makaron. Wszystko wymieszaj i podawaj na gorąco.

58. Tofu Nadziewane Krewetkami

Składniki:

- ½ funta twardego tofu
- 2 uncje ugotowanych krewetek, obranych i pozbawionych żyłki
- ⅛ łyżeczka soli
- pieprz do smaku
- ¼ łyżeczki mąki kukurydzianej
- ½ szklanki bulionu z kurczaka
- ½ łyżeczki chińskiego wina ryżowego lub wytrawnej sherry
- ¼ szklanki wody
- 2 łyżki sosu ostrygowego
- 2 łyżki oleju do smażenia
- 1 zielona cebula, pokrojona na 1-calowe kawałki

Wskazówki:

a) Odcedź tofu. Krewetki umyć i osuszyć papierowymi ręcznikami. Krewetki marynować w soli, pieprzu i skrobi kukurydzianej przez 15 minut.

b) Trzymając tasak równolegle do deski do krojenia, przeciąć tofu wzdłuż na pół. Pokrój każdą połówkę na 2 trójkąty, a następnie pokrój każdy trójkąt na 2 kolejne trójkąty. Powinieneś mieć teraz 8 trójkątów.

c) Wytnij podłużną szczelinę z jednej strony tofu. Włożyć $\frac{1}{4}$-$\frac{1}{2}$ łyżeczki krewetki do szczeliny.
d) Dodaj olej do rozgrzanego woka lub patelni. Gdy olej będzie gorący, dodaj tofu. Podsmaż tofu przez około 3-4 minuty, odwracając je przynajmniej raz i upewniając się, że nie przykleja się do dna woka.
e) Dodaj bulion z kurczaka, wino ryżowe Konjac, wodę i sos ostrygowy na środek woka.
f) Doprowadzić do wrzenia. Zmniejsz ogień, przykryj i gotuj na wolnym ogniu przez 5-6 minut. Dodaj zieloną cebulę. Podawać na gorąco.

59. Twaróg Fasolowy z Warzywem Syczuańskim

Składniki:

- 7 uncji (2 bloki) prasowanego twarogu z fasoli
- ¼ szklanki konserwowanych warzyw syczuańskich
- ½ szklanki bulionu z kurczaka lub bulionu
- 1 łyżeczka chińskiego wina ryżowego lub wytrawnej sherry
- ½ łyżeczki sosu sojowego
- 4-5 filiżanek oleju do smażenia

Wskazówki:

a) Podgrzej co najmniej 4 filiżanki oleju w rozgrzanym woku do 350 ° F. Czekając, aż olej się rozgrzeje, pokrój sprasowany twaróg na 1-calową kostkę.

b) Pokrój warzywa syczuańskie w kostkę. Połącz bulion z kurczaka i wino ryżowe i odstaw na bok.

c) Gdy olej będzie gorący, dodaj kostki twarogu fasolowego i smaż na głębokim tłuszczu, aż staną się jasnobrązowe. Wyjmij z woka łyżką cedzakową i odstaw na bok.

d) Usuń z woka wszystkie oprócz 2 łyżek oleju. Dodaj konserwowane warzywo syczuańskie. Smaż przez 1-2 minuty, a następnie przesuń na bok woka. Dodaj bulion z kurczaka na środku woka i zagotuj.

e) Dodaj sos sojowy. Dodaj sprasowany twaróg z fasoli.

f) Wszystko wymieszaj, gotuj przez kilka minut i podawaj na gorąco.

60. Duszone Tofu z Trzema Warzywami

Składniki:

- 4 suszone grzyby
- $\frac{1}{4}$ szklanki zarezerwowanego płynu do moczenia grzybów
- $\frac{2}{3}$ szklanka świeżych grzybów
- $\frac{1}{2}$ szklanki bulionu z kurczaka
- $1\frac{1}{2}$ łyżki sosu ostrygowego
- 1 łyżeczka chińskiego wina ryżowego lub wytrawnej sherry
- 2 łyżki oleju do smażenia
- 1 ząbek czosnku, posiekany
- 1 szklanka młodej marchewki, pokrojonej na pół
- 2 łyżeczki mąki kukurydzianej zmieszanej z 4 łyżeczkami wody
- $\frac{3}{4}$ funta sprasowanego tofu, pokrojonego w $\frac{1}{2}$-calową kostkę

Wskazówki:

a) Namocz suszone grzyby w gorącej wodzie przez co najmniej 20 minut. Zachowaj $\frac{1}{4}$ szklanki płynu do namaczania. Pokrój suszone i świeże grzyby.

b) Połącz zarezerwowany płyn z grzybów, bulion z kurczaka, sos ostrygowy i wino ryżowe Konjac. Odłożyć na bok.

c) Dodaj olej do rozgrzanego woka lub patelni. Gdy olej będzie gorący, dodaj czosnek i krótko smaż, aż będzie aromatyczny. Dodaj marchewki. Smaż przez 1 minutę, następnie dodaj pieczarki i smaż.

d) Dodaj sos i zagotuj. Wymieszaj mieszankę skrobi kukurydzianej i wody i dodaj do sosu, szybko mieszając, aby zgęstniała.

e) Dodaj kostki tofu. Wszystko wymieszaj, zmniejsz ogień i gotuj na wolnym ogniu przez 5-6 minut. Podawać na gorąco.

61. Trójkąty Tofu Nadziewane Wieprzowiną

Składniki:

- ½ funta twardego tofu
- ¼ funta mielonej wieprzowiny
- ⅛ łyżeczka soli
- pieprz do smaku
- ½ łyżeczki chińskiego wina ryżowego lub wytrawnej sherry
- ½ szklanki bulionu z kurczaka
- ¼ szklanki wody
- 2 łyżki sosu ostrygowego
- 2 łyżki oleju do smażenia
- 1 zielona cebula, pokrojona na 1-calowe kawałki

Wskazówki:

a) Odcedź tofu. Umieść mieloną wieprzowinę w średniej misce. Dodaj sól, pieprz i wino ryżowe Konjac. Marynować wieprzowinę przez 15 minut.

b) Trzymając tasak równolegle do deski do krojenia, przeciąć tofu wzdłuż na pół. Pokrój każdą połówkę na 2 trójkąty, a następnie pokrój każdy trójkąt na 2 kolejne trójkąty. Powinieneś mieć teraz 8 trójkątów.

c) Wytnij szczelinę wzdłuż jednej z krawędzi każdego trójkąta tofu. Włożyć czubatą ¼ łyżeczki mielonej wieprzowiny do szczeliny.

d) Dodaj olej do rozgrzanego woka lub patelni. Gdy olej będzie gorący, dodaj tofu. Jeśli masz resztki wieprzowiny mielonej, dodaj ją również.

e) Podsmaż tofu przez około 3-4 minuty, odwracając je przynajmniej raz i upewniając się, że nie przykleja się do dna woka.

f) Dodaj bulion z kurczaka, wodę i sos ostrygowy na środek woka. Doprowadzić do wrzenia.

g) Zmniejsz ogień, przykryj i gotuj na wolnym ogniu przez 5-6 minut. Dodaj zieloną cebulę. Podawać na gorąco.

62. Naleśniki Żurawinowe z Syropem

Na 4 do 6 porcji

Składniki:

- 1 szklanka wrzącej wody
- 1/2 szklanki słodzonej suszonej żurawiny
- 1/2 szklanki syropu klonowego
- 1/4 szklanki świeżego soku pomarańczowego
- 1/4 szklanki posiekanej pomarańczy
- 1 łyżka margaryny wegańskiej
- 11/2 szklanki mąki uniwersalnej
- 1 łyżka cukru
- 1 łyżka proszku do pieczenia
- 1/2 łyżeczki soli
- 11/2 szklanki mleka sojowego
- 1/4 szklanki miękkiego jedwabistego tofu, odsączonego
- 1 łyżka oleju rzepakowego lub z pestek winogron plus więcej do smażenia

Wskazówki:

a) W misce żaroodpornej zalej żurawinę wrzątkiem i odstaw na około 10 minut do zmiękczenia. Dobrze odcedź i odstaw na bok.

b) W małym rondelku wymieszaj syrop klonowy, sok pomarańczowy, pomarańczę i margarynę i podgrzej na małym ogniu, mieszając, aby rozpuścić margarynę. Trzymaj się ciepło. Rozgrzej piekarnik do 225°F.

c) W dużej misce wymieszaj mąkę, cukier, proszek do pieczenia i sól i odstaw.

d) W robocie kuchennym lub blenderze połącz mleko sojowe, tofu i olej, aż dobrze się połączą.

e) Wlej mokre składniki do suszonych i zmiksuj kilkoma szybkimi ruchami. Dodać zmiękczoną żurawinę.

f) Na patelni lub dużej patelni rozgrzej cienką warstwę oleju na średnim ogniu. Nałóż 1/4 szklanki do 1/3 szklanki ciasta na rozgrzaną patelnię. Gotuj, aż na wierzchu pojawią się małe bąbelki, 2 do 3 minut. Odwróć naleśnik i smaż, aż druga strona się zrumieni, około 2 minuty dłużej.

g) Ugotowane naleśniki przełóż na żaroodporny półmisek i trzymaj ciepło w piekarniku podczas gotowania reszty. Podawać z syropem pomarańczowo-klonowym.

63. Tofu w glazurze sojowej

Na 4 porcje

Składniki:

- ¼ szklanki prażonego oleju sezamowego
- ¼ szklanki octu ryżowego
- 1 funt bardzo twardego tofu, odsączonego, pokrojonego w plastry 2,5 cm i sprasowanego
- 2 łyżeczki cukru

Wskazówki:

a) Osuszyć tofu i ułożyć w naczyniu do pieczenia o wymiarach 9 x 13 cali i odstawić.
b) W małym rondelku wymieszać sos sojowy, olej, ocet i cukier i zagotować. Wlej gorącą marynatę na tofu i odstaw na 30 minut, obracając raz.
c) Rozgrzej piekarnik do 350 ° F. Piecz tofu przez 30 minut, obracając raz mniej więcej w połowie.
d) Podawaj natychmiast lub odstaw do ostygnięcia do temperatury pokojowej, a następnie przykryj i wstaw do lodówki, aż będą potrzebne.

64. Tofu w stylu Cajun

Na 4 porcje

Składniki:

- 1 funt bardzo jędrnego tofu, odsączonego i wytartego na sucho
- Sól
- 1 łyżka stołowa plus 1 łyżeczka przyprawy Cajun
- 2 łyżki oliwy z oliwek
- 1/4 szklanki mielonej zielonej papryki
- 1 łyżka mielonego selera
- 2 łyżki mielonej zielonej cebuli
- 2 ząbki czosnku, posiekane
- 1 puszka (14,5 uncji) pokrojonych w kostkę pomidorów, odsączonych
- 1 łyżka sosu sojowego
- 1 łyżka mielonej świeżej pietruszki

Wskazówki:

a) Pokrój tofu na plastry o grubości 1/2 cala i posyp z obu stron solą i 1 łyżką przyprawy Cajun. Odłożyć na bok.
b) W małym rondelku rozgrzej 1 łyżkę oleju na średnim ogniu. Dodaj paprykę i seler.
c) Przykryj i gotuj przez 5 minut. Dodać zieloną cebulę i czosnek i smażyć bez przykrycia 1 minutę dłużej.

d) Dodaj pomidory, sos sojowy, pietruszkę, pozostałą 1 łyżeczkę mieszanki przypraw Cajun i sól do smaku. Dusić przez 10 minut, aby zmiksować smaki i odstawić.

e) Na dużej patelni rozgrzej pozostałą 1 łyżkę oleju na średnim ogniu. Dodaj tofu i smaż do zrumienienia z obu stron, około 10 minut. Dodaj sos i gotuj 5 minut. Natychmiast podawaj.

65. Tofu z skwierczącym sosem kaparowym

Na 4 porcje

Składniki:

- 1 funt bardzo twardego tofu, odsączonego, pokrojonego w plastry 1,5 cm i sprasowanego
- Sól i świeżo zmielony czarny pieprz
- 2 łyżki oliwy z oliwek, plus w razie potrzeby więcej
- 1 średnia szalotka, mielona
- 2 łyżki kaparów
- 3 łyżki mielonej świeżej pietruszki
- 2 łyżki wegańskiej margaryny
- Sok z 1 cytryny

Wskazówki:

a) Rozgrzej piekarnik do 275°F. Osuszyć tofu i doprawić solą i pieprzem do smaku. Umieść mąkę kukurydzianą w płytkiej misce. Obtocz tofu w skrobi kukurydzianej, pokrywając wszystkie boki.
b) Na dużej patelni rozgrzej 2 łyżki oleju na średnim ogniu. Dodaj tofu partiami, jeśli to konieczne, i smaż na złoty kolor z obu stron, około 4 minuty z każdej strony.
c) Smażone tofu przełóż na żaroodporny talerz i trzymaj w piekarniku.

d) Na tej samej patelni podgrzej pozostałą 1 łyżkę oleju na średnim ogniu. Dodaj szalotkę i gotuj, aż zmięknie, około 3 minut.

e) Dodaj kapary i pietruszkę i gotuj przez 30 sekund, następnie wymieszaj margarynę, sok z cytryny, sól i pieprz do smaku, mieszając, aby stopić i dodać margarynę.

f) Posyp tofu sosem kaparowym i od razu podawaj.

66. Smażone Tofu ze Złotym Sosem

Na 4 porcje

Składniki:

- 1 funt bardzo twardego tofu, odsączonego, pokrojonego w plastry 2,5 cm i sprasowanego
- Sól i świeżo zmielony czarny pieprz
- 1/3 szklanki mąki kukurydzianej
- 2 łyżki oliwy z oliwek
- 1 średnio słodka żółta cebula, posiekana
- 2 łyżki mąki uniwersalnej
- 1 łyżeczka suszonego tymianku
- 1/8 łyżeczek kurkumy
- 1 szklanka bulionu warzywnego
- 1 łyżka sosu sojowego
- 1 szklanka gotowanej lub konserwowej ciecierzycy, odsączonej
- 2 łyżki mielonej świeżej pietruszki

Wskazówki:

a) Osuszyć tofu i doprawić solą i pieprzem do smaku. Umieść mąkę kukurydzianą w płytkiej misce. Obtocz tofu w skrobi kukurydzianej, pokrywając wszystkie boki. Rozgrzej piekarnik do 250 ° F.

b) Na dużej patelni rozgrzej 2 łyżki oleju na średnim ogniu. Dodaj tofu, partiami, jeśli to konieczne i gotuj na złoty kolor z obu stron, około 10 minut.
c) Smażone tofu przełóż na żaroodporny talerz i trzymaj w piekarniku.
d) Na tej samej patelni podgrzej pozostałą 1 łyżkę oleju na średnim ogniu. Dodaj cebulę, przykryj i gotuj, aż zmięknie, 5 minut. Odkryj i zmniejsz ciepło do niskiego poziomu.
e) Dodaj mąkę, tymianek i kurkumę i gotuj przez 1 minutę, cały czas mieszając.
f) Powoli ubij bulion, następnie mleko sojowe i sos sojowy. Dodaj ciecierzycę i dopraw solą i pieprzem do smaku. Kontynuuj gotowanie, często mieszając, przez 2 minuty. Przełóż do blendera i miksuj do uzyskania gładkiej i kremowej konsystencji.
g) Wróć do rondla i podgrzej, aż będzie gorący, dodając trochę więcej bulionu, jeśli sos jest zbyt gęsty.
h) Nałóż sos na tofu i posyp natką pietruszki. Natychmiast podawaj.

67. Tofu w pomarańczowej glazurze i szparagi

Na 4 porcje

Składniki:

- 2 łyżki mirin
- 1 łyżka mąki kukurydzianej
- 1 (16 uncji) opakowania bardzo twardego tofu, odsączonego i pokrojonego w paski o średnicy 1/4 cala
- 2 łyżki sosu sojowego
- 1 łyżeczka prażonego oleju sezamowego
- 1 łyżeczka cukru
- 1/4 łyżeczki azjatyckiej pasty chili
- 2 łyżki oleju rzepakowego lub z pestek winogron
- 1 ząbek czosnku, posiekany
- 1/2 łyżeczki mielonego świeżego imbiru
- 5 uncji cienkich szparagów, twarde końce przycięte i pokrojone na 11/2-calowe kawałki

Wskazówki:

a) W płytkiej misce wymieszać mirin ze skrobią kukurydzianą i dobrze wymieszać. Dodaj tofu i delikatnie wrzuć do płaszcza. Odstawić do marynowania na 30 minut.

b) W małej misce wymieszać sok pomarańczowy, sos sojowy, olej sezamowy, cukier i pastę chili. Odłożyć na bok.

c) Na dużej patelni lub woku rozgrzej olej rzepakowy na średnim ogniu. Dodaj czosnek i imbir i smaż przez około 30 sekund, aż zacznie pachnieć.
d) Dodaj marynowane tofu i szparagi i smaż przez około 5 minut, aż tofu zbrązowieje, a szparagi będą miękkie.
e) Dodaj sos i gotuj jeszcze przez około 2 minuty. Natychmiast podawaj.

68. Tofu Pizzaiola

Na 4 porcje

Składniki:

- 2 łyżki oliwy z oliwek
- 1 (16 uncji) opakowanie bardzo twardego tofu, odsączone, pokrojone w plastry 1/2 cala i sprasowane (patrzLekki bulion warzywny)
- Sól
- 3 ząbki czosnku, posiekane
- 1 puszka (14,5 uncji) pokrojonych w kostkę pomidorów, odsączonych
- 1/4 szklanki napełnionych olejem suszonych pomidorów, pokrojonych w paski 1/4 cala
- 1 łyżka kaparów
- 1 łyżeczka suszonego oregano
- 1/2 łyżeczki cukru
- Świeżo zmielony czarny pieprz
- 2 łyżki mielonej świeżej natki pietruszki do dekoracji

Wskazówki:

a) Rozgrzej piekarnik do 275°F. Na dużej patelni rozgrzej 1 łyżkę oleju na średnim ogniu. Dodaj tofu i smaż na złoty kolor z obu stron, obracając raz, około 5 minut z każdej strony. Posyp tofu solą do smaku.

b) Smażone tofu przełóż na żaroodporny talerz i trzymaj w piekarniku.
c) Na tej samej patelni rozgrzej pozostałą 1 łyżkę oleju na średnim ogniu. Dodaj czosnek i smaż, aż zmięknie, około 1 minuty. Nie brązowieć.
d) Dodać pokrojone w kostkę pomidory, suszone pomidory, oliwki i kapary. Dodaj oregano, cukier, sól i pieprz do smaku.
e) Dusić, aż sos będzie gorący i smaki dobrze się połączą, około 10 minut.
f) Smażone plastry tofu posyp sosem i posyp natką pietruszki. Natychmiast podawaj.

69. „Ka-Pow" Tofu

Na 4 porcje

Składniki:

- 1 funt bardzo twardego tofu, odsączonego, osuszonego i pokrojonego w 1-calową kostkę
- Sól
- 2 łyżki mąki kukurydzianej
- 2 łyżki sosu sojowego
- 1 łyżka wegetariańskiego sosu ostrygowego
- 1 łyżeczka octu ryżowego
- 1 łyżeczka jasnobrązowego cukru
- 1/2 łyżeczki zmiażdżonej czerwonej papryki
- 2 łyżki oleju rzepakowego lub z pestek winogron
- 1 średnio słodka żółta cebula, pokrojona na pół i pokrojona w plasterki o średnicy 2,5 cm
- średnia czerwona papryka, pokrojona w plastry 1/4 cala
- zielona cebula, posiekana
- 1/2 szklanki liści bazylii tajskiej

Wskazówki:

a) W średniej misce wymieszać tofu, sól do smaku i mąkę kukurydzianą. Wrzucić do płaszcza i odstawić.
b) W małej misce połącz sos sojowy, sos ostrygowy, ocet ryżowy, cukier i pokruszoną czerwoną paprykę.

c) Dobrze wymieszaj do połączenia i odstaw na bok.
d) Na dużej patelni rozgrzej 1 łyżkę oleju na średnim ogniu. Dodaj tofu i smaż na złoty kolor, około 8 minut. Zdejmij z patelni i odstaw na bok.
e) Na tej samej patelni rozgrzej pozostałą 1 łyżkę oleju na średnim ogniu. Dodaj cebulę i paprykę i smaż, aż zmiękną, około 5 minut. Dodaj zieloną cebulę i gotuj 1 minutę dłużej.
f) Dodajemy smażone tofu, sos i bazylię i smażymy na gorąco przez około 3 minuty. Natychmiast podawaj.

70. Tofu w stylu sycylijskim

Na 4 porcje

Składniki:

- 2 łyżki oliwy z oliwek
- 1 funt bardzo jędrnego tofu, odsączonego, pokrojonego w plastry 1,5 cm i wyciśniętej soli i świeżo zmielonego czarnego pieprzu
- 1 mała żółta cebula, posiekana
- 2 ząbki czosnku, posiekane
- 1 puszka (28 uncji) pokrojonych w kostkę pomidorów, odsączonych
- 1/4 szklanki wytrawnego białego wina
- 1/4 łyżeczki pokruszonej czerwonej papryki
- 1/3 szklanki pestek oliwek Kalamata
- 1 1/2 łyżki kaparów
- 2 łyżki posiekanej świeżej bazylii lub 1 łyżeczka suszonej (opcjonalnie)

Wskazówki:

a) Rozgrzej piekarnik do 250 ° F. Na dużej patelni rozgrzej 1 łyżkę oleju na średnim ogniu. Dodaj tofu partiami, jeśli to konieczne, i smaż na złoty kolor z obu stron, 5 minut z każdej strony. Dopraw solą i czarnym pieprzem do smaku.

b) Ugotowane tofu przełóż na żaroodporny półmisek i trzymaj ciepło w piekarniku podczas przygotowywania sosu.

c) Na tej samej patelni rozgrzej pozostałą 1 łyżkę oleju na średnim ogniu. Dodaj cebulę i czosnek, przykryj i gotuj, aż cebula zmięknie, 10 minut. Dodaj pomidory, wino i pokruszoną czerwoną paprykę.
d) Doprowadzić do wrzenia, następnie zmniejszyć ogień i gotować bez przykrycia przez 15 minut. Dodaj oliwki i kapary. Gotuj jeszcze 2 minuty.
e) Ułóż tofu na półmisku lub pojedynczych talerzach. Nałóż sos na wierzch. Posyp świeżą bazylią, jeśli używasz. Natychmiast podawaj.

71. Tajsko-Phoon Stir-Fry

Na 4 porcje

Składniki:

- 1 funt bardzo jędrnego tofu, odsączonego i wysuszonego
- 2 łyżki oleju rzepakowego lub z pestek winogron
- średnie szalotki, pokrojone w kostkę
- 2 ząbki czosnku, posiekane
- 2 łyżeczki startego świeżego imbiru
- 3 uncje białych czapek grzybowych, pokrojonych w kostkę
- 1 łyżka kremowego masła orzechowego
- 2 łyżeczki jasnobrązowego cukru
- 1 łyżeczka azjatyckiej pasty chili
- 2 łyżki sosu sojowego
- 1 łyżka mirin
- 1 puszka (13,5 uncji) niesłodzonego mleka kokosowego
- 6 uncji posiekanego świeżego szpinaku
- 1 łyżka prażonego oleju sezamowego
- Świeżo ugotowany ryż lub makaron do podania
- 2 łyżki drobno posiekanej świeżej tajskiej bazylii
- 2 łyżki pokruszonych niesolonych prażonych orzeszków ziemnych
- 2 łyżeczki mielonego, skrystalizowanego imbiru

Wskazówki:

a) Pokrój tofu w kostkę 1/2 cala i odłóż na bok. Na dużej patelni rozgrzej 1 łyżkę oleju na średnim ogniu.
b) Dodaj tofu i smaż na złoty kolor, około 7 minut. Wyjmij tofu z patelni i odstaw na bok.
c) Na tej samej patelni rozgrzej pozostałą 1 łyżkę oleju na średnim ogniu. Dodaj szalotkę, czosnek, imbir i pieczarki i smaż mieszając, aż zmiękną, około 4 minut.
d) Dodać masło orzechowe, cukier, pastę chili, sos sojowy i mirin. Dodaj mleko kokosowe i mieszaj, aż dobrze się połączy. Dodaj smażone tofu i szpinak i gotuj na wolnym ogniu.
e) Zmniejsz ogień do średniego i gotuj na wolnym ogniu, mieszając od czasu do czasu, aż szpinak zwiędnie, a smaki dobrze się wymieszają, 5 do 7 minut. Dodaj olej sezamowy i gotuj jeszcze minutę.
f) Aby podać, nałóż mieszankę tofu na wybrany ryż lub makaron i posyp kokosem, bazylią, orzeszkami ziemnymi i skrystalizowanym imbirem, jeśli używasz. Natychmiast podawaj.

72. Pieczone Tofu Malowane Chipotle

Na 4 porcje

Składniki:

- 2 łyżki sosu sojowego
- 2 chili chipotle w puszkach w adobo
- 1 łyżka oliwy z oliwek
- 1 funt bardzo twardego tofu, odsączonego, pokrojonego w grube plastry

Wskazówki:

a) Rozgrzej piekarnik do 375°F. Lekko nasmaruj blachę do pieczenia o wymiarach 9 x 13 cali i odstaw na bok.
b) W robocie kuchennym połącz sos sojowy, chipotles i olej i miksuj, aż się zmiksują. Zeskrob miksturę chipotle do małej miski.
c) Posmaruj masą chipotle z obu stron plastry tofu i ułóż je w jednej warstwie na przygotowanej patelni.
d) Piec na gorąco, około 20 minut. Natychmiast podawaj.

73. Grillowane Tofu z Glazurą Tamaryndową

Na 4 porcje

Składniki:

- 1 funt bardzo jędrnego tofu, odsączonego i wytartego na sucho
- Sól i świeżo zmielony czarny pieprz
- 2 łyżki oliwy z oliwek
- 2 średnie szalotki, posiekane
- 2 ząbki czosnku, posiekane
- 2 dojrzałe pomidory, grubo posiekane
- 2 łyżki ketchupu
- 1/4 szklanki wody
- 2 łyżki musztardy Dijon
- 1 łyżka ciemnobrązowego cukru
- 2 łyżki nektaru z agawy
- 2 łyżki koncentratu tamaryndowca
- 1 łyżka ciemnej melasy
- 1/2 łyżeczki mielonej cayenne
- 1 łyżka wędzonej papryki
- 1 łyżka sosu sojowego

Wskazówki:

a) Pokrój tofu na 1-calowe plastry, dopraw solą i pieprzem do smaku i odstaw na płytką blachę do pieczenia.

b) W dużym rondlu rozgrzej olej na średnim ogniu. Dodaj szalotki i czosnek i smaż przez 2 minuty. Dodaj wszystkie pozostałe składniki oprócz tofu. Zmniejsz ogień i gotuj przez 15 minut.
c) Przenieś miksturę do blendera lub robota kuchennego i zmiksuj, aż będzie gładka. Wróć do rondla i gotuj 15 minut dłużej, a następnie odstaw do ostygnięcia.
d) Polej tofu sosem i wstaw do lodówki na co najmniej 2 godziny. Rozgrzej grill lub brojler.
e) Grilluj marynowane tofu, obracając raz, aby się podgrzało i ładnie przyrumieniło z obu stron. Podczas grillowania tofu podgrzej marynatę w rondlu.
f) Zdejmij tofu z grilla, posmaruj każdą stronę sosem tamaryndowym i od razu podawaj.

74. Tofu Faszerowane Rukwią Wodną

Na 4 porcje

Składniki:

- 1 funt bardzo twardego tofu, odsączonego, pokrojonego w -calowe plastry i sprasowanego (patrzLekki bulion warzywny)
- Sól i świeżo zmielony czarny pieprz
- 1 mały pęczek rukwi wodnej, twarde łodygi usunięte i posiekane
- 2 dojrzałe pomidory śliwkowe, posiekane
- 1/2 szklanki mielonej zielonej cebuli
- 2 łyżki mielonej świeżej pietruszki
- 2 łyżki mielonej świeżej bazylii
- 1 łyżeczka mielonego czosnku
- 2 łyżki oliwy z oliwek
- 1 łyżka octu balsamicznego
- szczypta cukru
- 1/2 szklanki mąki uniwersalnej
- 1/2 szklanki wody
- 11/2 szklanki suchej, nieprzyprawionej bułki tartej

Wskazówki:

a) Wytnij długą, głęboką kieszeń z boku każdego kawałka tofu i umieść tofu na blasze do pieczenia. Dopraw solą i pieprzem do smaku i odstaw.

b) W dużej misce wymieszać rukiew wodną, pomidory, szczypiorek, pietruszkę, bazylię, czosnek, 2 łyżki oleju, ocet, cukier, sól i pieprz do smaku. Mieszaj, aż dobrze się połączy, a następnie ostrożnie włóż miksturę do kieszeni tofu.
c) Włóż mąkę do płytkiej miski. Wlej wodę do osobnej płytkiej miski. Połóż bułkę tartą na dużym talerzu.
d) Obtoczyć tofu w mące, następnie ostrożnie zanurzyć w wodzie, a następnie obtoczyć w bułce tartej, dokładnie obtaczając.
e) Na dużej patelni rozgrzej pozostałe 2 łyżki oleju na średnim ogniu. Dodaj nadziewane tofu na patelnię i smaż na złoty kolor, obracając raz, 4 do 5 minut z każdej strony.
f) Natychmiast podawaj.

75. Tofu z Pistacją-Granatem

Na 4 porcje

Składniki:

- 1 funt bardzo twardego tofu, odsączonego, pokrojonego w plastry 1/4 cala i sprasowanego (patrzLekki bulion warzywny)
- Sól i świeżo zmielony czarny pieprz
- 2 łyżki oliwy z oliwek
- 1/2 szklanki soku z granatów
- 1 łyżka octu balsamicznego
- 1 łyżka jasnobrązowego cukru
- 2 zielone cebule, posiekane
- 1/2 szklanki niesolonych łuskanych pistacji, grubo posiekanych
- Dopraw tofu solą i pieprzem do smaku.

Wskazówki:

a) Na dużej patelni rozgrzej olej na średnim ogniu. Dodaj plastry tofu, partiami, jeśli to konieczne i gotuj, aż lekko się zrumienią, około 4 minuty z każdej strony. Zdejmij z patelni i odstaw na bok.

b) Na tej samej patelni dodaj sok z granatów, ocet, cukier i zieloną cebulę i gotuj na średnim ogniu przez 5 minut. Dodaj połowę pistacji i gotuj, aż sos lekko zgęstnieje, około 5 minut.

c) Włóż usmażone tofu na patelnię i gotuj, aż będzie gorące, około 5 minut, polewając sosem tofu, gdy się gotuje.
d) Podawaj od razu posypane pozostałymi pistacjami.

76. Wyspa przypraw Tofu

Na 4 porcje

Składniki:

- ¹/2 szklanki mąki kukurydzianej
- ¹/2 łyżeczki mielonego świeżego tymianku lub 1/4 łyżeczki suszonego
- ¹/2 łyżeczki mielonego świeżego majeranku lub 1/4 łyżeczki suszonego
- ¹/2 łyżeczki soli
- ¹/4 łyżeczki mielonej cayenne
- ¹/4 łyżeczki słodkiej lub wędzonej papryki
- ¹/4 łyżeczki jasnobrązowego cukru
- ¹/8 łyżeczek mielonego ziela angielskiego
- 1 funt bardzo twardego tofu, odsączonego i pokrojonego w paski 1/2 cala
- 2 łyżki oleju rzepakowego lub z pestek winogron
- 1 średnia czerwona papryka, pokrojona w paski 1/4 cala
- 2 zielone cebule, posiekane
- 1 ząbki czosnku, mielone
- 1 jalapeño, posiekane i posiekane
- 2 dojrzałe pomidory śliwkowe, bez pestek i posiekane
- 1 szklanka posiekanego świeżego lub konserwowanego ananasa
- 2 łyżki sosu sojowego
- ¹/4 szklanki wody
- 2 łyżeczki świeżego soku z limonki

- 1 łyżka mielonej świeżej natki pietruszki do przybrania

Wskazówki:

a) Rozgrzej piekarnik do 250 ° F.
b) W płytkiej misce wymieszać mąkę kukurydzianą, tymianek, majeranek, sól, pieprz cayenne, paprykę, cukier i ziele angielskie. Dobrze wymieszaj. Obtocz tofu w mieszance przypraw, pokrywając je ze wszystkich stron.
c) Na dużej patelni rozgrzej 2 łyżki oleju na średnim ogniu. Dodaj utopione tofu, partiami, jeśli to konieczne i gotuj na złoty kolor, około 4 minuty z każdej strony.
d) Smażone tofu przełóż na żaroodporny talerz i trzymaj w piekarniku.
e) Na tej samej patelni rozgrzej pozostałą 1 łyżkę oleju na średnim ogniu. Dodaj paprykę, zieloną cebulkę, czosnek i paprykę jalapeño. Przykryj i gotuj, mieszając od czasu do czasu do miękkości, około 10 minut.
f) Dodaj pomidory, ananasa, sos sojowy, wodę i sok z limonki i gotuj na wolnym ogniu, aż mieszanina będzie gorąca i smaki się połączą, około 5 minut.
g) Na smażone tofu nałóż mieszankę warzywną.
h) Posyp mieloną natką pietruszki i od razu podawaj.

77. Tofu imbirowe z sosem cytrusowo-hoisin

Na 4 porcje

Składniki:

- 1 funt bardzo jędrnego tofu, odsączonego, osuszonego i pokrojonego w 1/2-calową kostkę
- 2 łyżki sosu sojowego
- 2 łyżki stołowe plus 1 łyżeczka mąki kukurydzianej
- 1 łyżka stołowa plus 1 łyżeczka oleju rzepakowego lub z pestek winogron
- 1 łyżeczka prażonego oleju sezamowego
- 2 łyżeczki startego świeżego imbiru
- zielona cebula, mielona
- 1/3 szklanki sosu hoisin
- 1/2 szklanki bulionu warzywnego, domowej roboty (patrzLekki bulion warzywny) lub kupione w sklepie
- 1/4 szklanki świeżego soku pomarańczowego
- 11/2 łyżki świeżego soku z limonki
- 11/2 łyżki świeżego soku z cytryny
- Sól i świeżo zmielony czarny pieprz

Wskazówki:

a) Umieść tofu w płytkiej misce. Dodaj sos sojowy i wymieszaj, a następnie posyp 2 łyżkami mąki kukurydzianej i wymieszaj.

b) Na dużej patelni podgrzej 1 łyżkę oleju rzepakowego na średnim ogniu. Dodaj tofu i smaż na złoty kolor, od czasu do czasu obracając, około 10 minut. Wyjmij tofu z patelni i odstaw na bok.
c) Na tej samej patelni rozgrzej pozostałą 1 łyżeczkę oleju rzepakowego i oleju sezamowego na średnim ogniu. Dodaj imbir i zieloną cebulkę i smaż do pachnącego aromatu, około 1 minuty. Dodaj sos hoisin, bulion i sok pomarańczowy i zagotuj.
d) Gotuj, aż płyn się lekko zredukuje, a smaki będą miały szansę się połączyć, około 3 minuty.
e) W małej misce wymieszać pozostałą 1 łyżeczkę mąki kukurydzianej z sokiem z limonki i cytryny i dodać do sosu, lekko mieszając, aby zgęstniał.
f) Dopraw solą i pieprzem do smaku.
g) Włóż usmażone tofu na patelnię i gotuj, aż pokryje się sosem i podgrzeje.
h) Natychmiast podawaj.

78. Tofu z trawą cytrynową i groszkiem śnieżnym

Na 4 porcje

Składniki:

- 2 łyżki oleju rzepakowego lub z pestek winogron
- 1 średnia czerwona cebula, pokrojona na pół i pokrojona w cienkie plasterki
- 2 ząbki czosnku, posiekane
- 1 łyżeczka startego świeżego imbiru
- 1 funt bardzo twardego tofu, odsączonego i pokrojonego w kostkę o średnicy 2,5 cm
- 2 łyżki sosu sojowego
- 1 łyżka mirinu lub sake
- 1 łyżeczka cukru
- $1/2$ łyżeczki zmiażdżonej czerwonej papryki
- 4 uncje groszku śnieżnego, przyciętego
- 1 łyżka mielonej trawy cytrynowej lub skórka z 1 cytryny
- 2 łyżki grubo zmielonych niesolonych prażonych orzeszków ziemnych, do dekoracji

Wskazówki:

a) Na dużej patelni lub woku rozgrzej olej na średnim ogniu. Dodaj cebulę, czosnek i imbir i smaż przez 2 minuty. Dodaj tofu i smaż na złoty kolor, około 7 minut.

b) Dodaj sos sojowy, mirin, cukier i pokruszoną czerwoną paprykę. Dodaj groszek śnieżny i trawę cytrynową i smaż przez około 3 minuty, aż groszek śnieżny będzie chrupiący, a smak dobrze wymieszany.
c) Udekoruj orzeszkami ziemnymi i od razu podawaj.

79. Tofu Podwójnie Sezamowe z Sosem Tahini

Na 4 porcje

Składniki:

- ¹/2 szklanki tahini (pasta sezamowa)
- 2 łyżki świeżego soku z cytryny
- 2 łyżki sosu sojowego
- 2 łyżki wody
- ¹/4 szklanki białego sezamu
- ¹/4 szklanki czarnego sezamu
- ¹/2 szklanki mąki kukurydzianej
- 1 funt bardzo jędrnego tofu, odsączonego, osuszonego i pokrojonego w paski 1/2 cala
- Sól i świeżo zmielony czarny pieprz
- 2 łyżki oleju rzepakowego lub z pestek winogron

Wskazówki:

a) W małej misce połącz tahini, sok z cytryny, sos sojowy i wodę, dobrze mieszając. Odłożyć na bok.
b) W płytkiej misce wymieszaj biały i czarny sezam oraz mąkę kukurydzianą, mieszając. Dopraw tofu solą i pieprzem do smaku. Odłożyć na bok.
c) Na dużej patelni rozgrzej olej na średnim ogniu.

d) Obtocz tofu w mieszance nasion sezamu, aż dobrze się pokryje, następnie dodaj do gorącej patelni i smaż, aż zrumienią się i będą chrupiące, obracając w razie potrzeby, 3 do 4 minut z każdej strony. Uważaj, aby nie przypalić nasion.
e) Skrop sosem tahini i od razu podawaj.

80. Gulasz z tofu i Edamame

Na 4 porcje

Składniki:

- 2 łyżki oliwy z oliwek
- 1 średnia żółta cebula, posiekana
- 1/2 szklanki posiekanego selera
- 2 ząbki czosnku, posiekane
- 2 średnie ziemniaki Yukon Gold, obrane i pokrojone w 1/2-calową kostkę
- 1 szklanka łuskanego świeżego lub mrożonego edamame
- 2 szklanki obranej i pokrojonej w kostkę cukinii
- 1/2 szklanki mrożonego groszku dla dzieci
- 1 łyżeczka suszonego cząbru
- 1/2 łyżeczki pokruszonej suszonej szałwii
- 1/8 łyżeczek mielonej cayenne
- 11/2 szklanki bulionu warzywnego, domowej roboty (patrzLekki bulion warzywny) lub sól i świeżo zmielony czarny pieprz
- 1 funt bardzo jędrnego tofu, odsączonego, osuszonego i pokrojonego w 1/2-calową kostkę
- 2 łyżki mielonej świeżej pietruszki

Wskazówki:

a) W dużym rondlu rozgrzej 1 łyżkę oleju na średnim ogniu. Dodaj cebulę, seler i czosnek.

b) Przykryj i gotuj, aż zmiękną, około 10 minut. Dodać ziemniaki, edamame, cukinię, groszek, cząber, szałwię i cayenne. Dodaj bulion i zagotuj. Zmniejsz ogień i dopraw solą i pieprzem do smaku.

c) Przykryj i gotuj na wolnym ogniu, aż warzywa zmiękną, a smaki się zmieszają, około 40 minut.

d) Na dużej patelni rozgrzej pozostałą 1 łyżkę oleju na średnim ogniu. Dodaj tofu i smaż na złoty kolor, około 7 minut.

e) Dopraw solą i pieprzem do smaku i odstaw. Około 10 minut przed zakończeniem gotowania gulaszu dodaj smażone tofu i pietruszkę.

f) Smakuj, w razie potrzeby doprawiaj przyprawy i podawaj od razu.

81. Sojowo-Opalany SenKotlety

Na 6 porcji

Składniki:

- 10 uncji twardego tofu, odsączonego i pokruszonego
- 2 łyżki sosu sojowego
- 1/4 łyżeczki słodkiej papryki
- 1/4 łyżeczki cebuli w proszku
- 1/4 łyżeczki proszku czosnkowego
- 1/4 łyżeczki świeżo zmielonego czarnego pieprzu
- 1 szklanka mąki z glutenu pszennego (gluten witalny)
- 2 łyżki oliwy z oliwek

Wskazówki:

a) W robocie kuchennym wymieszać tofu, sos sojowy, paprykę, cebulę w proszku, czosnek w proszku, pieprz i mąkę. Miksuj, aż dobrze się wymiesza.
b) Przenieś mieszaninę na płaską powierzchnię roboczą i uformuj cylinder. Podziel miksturę na 6 równych kawałków i spłaszcz je na bardzo cienkie kotlety o grubości nie większej niż 1/4 cala.

c) Na dużej patelni rozgrzej olej na średnim ogniu. Dodaj kotlety, partiami, jeśli to konieczne, przykryj i smaż, aż ładnie się zrumienią z obu stron, 5 do 6 minut z każdej strony.

82. klops z tofu

Na 4 do 6 porcji

Składniki:

- 2 łyżki oliwy z oliwek
- $2/3$ szklanki mielonej cebuli
- 2 ząbki czosnku, posiekane
- 1 funt bardzo jędrnego tofu, odsączonego i wytartego na sucho
- 2 łyżki ketchupu
- 2 łyżki tahini (pasta sezamowa) lub kremowe masło orzechowe
- 2 łyżki sosu sojowego
- $1/2$ szklanki mielonych orzechów włoskich
- 1 szklanka staromodnego owsa
- 1 szklanka mąki z glutenu pszennego (gluten witalny)
- 2 łyżki mielonej świeżej pietruszki
- $1/2$ łyżeczki soli
- $1/2$ łyżeczki słodkiej papryki
- $1/4$ łyżeczki świeżo zmielonego czarnego pieprzu

Wskazówki:

a) Rozgrzej piekarnik do 375°F. Lekko nasmaruj 9-calową patelnię bochenkową i odstaw na bok.
b) Na dużej patelni rozgrzej 1 łyżkę oleju na średnim ogniu. Dodaj cebulę i czosnek, przykryj i gotuj do miękkości, 5 minut.

c) W robocie kuchennym połącz tofu, ketchup, tahini i sos sojowy i miksuj do uzyskania gładkiej konsystencji.
d) Dodaj zarezerwowaną mieszankę cebuli i wszystkie pozostałe składniki. Pulsuj, aż dobrze się połączą, ale z pozostałą konsystencją.
e) Zeskrob miksturę do przygotowanej patelni. Wciśnij miksturę mocno do rondla, wygładzając górę.
f) Piec do uzyskania jędrnego i złocistego brązu, około 1 godziny. Odstawić na 10 minut przed pokrojeniem.

83. Bardzo waniliowe francuskie tosty

Na 4 porcje

Składniki:

- 1 opakowanie (12 uncji) twardego, jedwabistego tofu, odsączonego
- 1 1/2 szklanki mleka sojowego
- 2 łyżki mąki kukurydzianej
- 1 łyżka oleju rzepakowego lub z pestek winogron
- 2 łyżeczki cukru
- 1 1/2 łyżeczki czystego ekstraktu waniliowego
- 1/4 łyżeczki soli
- 4 kromki jednodniowego włoskiego chleba
- Olej rzepakowy lub z pestek winogron do smażenia

Wskazówki:

a) Rozgrzej piekarnik do 225°F. W blenderze lub robocie kuchennym połącz tofu, mleko sojowe, skrobię kukurydzianą, olej, cukier, wanilię i sól i zmiksuj do uzyskania gładkości.
b) Wlej ciasto do płytkiej miski i zanurz chleb w cieście, obracając, aby pokrył się z obu stron.
c) Na patelni lub dużej patelni rozgrzej cienką warstwę oleju na średnim ogniu. Umieść francuskie tosty na gorącej patelni i smaż na złoty kolor z obu stron, obracając raz, 3 do 4 minut z każdej strony.

d) Ugotowane francuskie tosty przełóż na żaroodporny talerz i trzymaj ciepło w piekarniku podczas gotowania reszty.

84. Sezamowo-Sojowy Pasta Śniadaniowa

Robi około 1 filiżanki

Składniki:

- ¹/2 szklanki miękkiego tofu, odsączonego i poklepanego na sucho
- 2 łyżki tahini (pasta sezamowa)
- 2 łyżki drożdży odżywczych
- 1 łyżka świeżego soku z cytryny
- 2 łyżeczki oleju lnianego
- 1 łyżeczka prażonego oleju sezamowego
- ¹/2 łyżeczki soli

Wskazówki:

a) W blenderze lub robocie kuchennym połącz wszystkie składniki i zmiksuj na gładką konsystencję.
b) Zeskrob miksturę do małej miski, przykryj i wstaw do lodówki na kilka godzin, aby pogłębić smak.

85. Radiatore z sosem Aurora

Na 4 porcje

Składniki:

- 1 łyżka oliwy z oliwek
- 3 ząbki czosnku, posiekane
- 3 zielone cebule, posiekane
- (28 uncji) może zmiażdżyć pomidory
- 1 łyżeczka suszonej bazylii
- 1/2 łyżeczki suszonego majeranku
- 1 łyżeczka soli
- 1/4 łyżeczki świeżo zmielonego czarnego pieprzu
- 1/3 szklanki wegańskiego serka śmietankowego lub odsączonego miękkiego tofu
- 1-funtowy kaloryfer lub inny mały makaron w kształcie
- 2 łyżki mielonej świeżej natki pietruszki do dekoracji

Wskazówki:

a) W dużym rondlu rozgrzej olej na średnim ogniu. Dodaj czosnek i zieloną cebulę i smaż, aż pachnie, 1 minutę. Dodaj pomidory, bazylię, majeranek, sól i pieprz.

b) Doprowadź sos do wrzenia, następnie zmniejsz ogień i gotuj przez 15 minut, od czasu do czasu mieszając.

c) W robocie kuchennym zmiksuj serek śmietankowy na gładką masę. Dodaj 2 szklanki sosu pomidorowego i zmiksuj na gładką masę. Zgarnij mieszankę tofu i pomidorów z powrotem do rondla z sosem pomidorowym, mieszając, aby zmiksować. Smak, w razie potrzeby dostosowując przyprawy. Utrzymuj ciepło na małym ogniu.

d) W dużym garnku z wrzącą osoloną wodą ugotuj makaron na średnim ogniu, od czasu do czasu mieszając, aż do uzyskania stanu al dente, około 10 minut.

e) Dobrze odcedź i przełóż do dużej miski. Dodaj sos i delikatnie wymieszaj, aby połączyć. Posyp natką pietruszki i od razu podawaj.

86. Klasyczna Lasagne z Tofu

Na 6 porcji

Składniki:

- 12 uncji makaronu lasagne
- 1 funt twardego tofu, odsączonego i pokruszonego
- 1 funt miękkiego tofu, odsączonego i pokruszonego
- 2 łyżki drożdży odżywczych
- 1 łyżeczka świeżego soku z cytryny
- 1 łyżeczka soli
- 1/4 łyżeczki świeżo zmielonego czarnego pieprzu
- 3 łyżki mielonej świeżej pietruszki
- 1/2 szklanki wegańskiego parmezanu lubParmasio
- 4 szklanki sosu marinara

Wskazówki:

a) Rozgrzej piekarnik do 350 ° F.
b) W garnku z wrzącą osoloną wodą ugotuj makaron na średnim ogniu, od czasu do czasu mieszając, aż będzie al dente, około 7 minut.
c) W dużej misce połącz jędrny i miękki tofu. Dodaj odżywcze drożdże, sok z cytryny, sól,

pieprz, pietruszkę i 1/4 szklanki parmezanu. Mieszaj, aż dobrze się połączą.

d) Nałóż warstwę sosu pomidorowego na dno naczynia do pieczenia o wymiarach 9 x 13 cali. Ułóż warstwę ugotowanego makaronu.

e) Rozłóż połowę masy tofu równomiernie na makaronie. Powtórz z kolejną warstwą makaronu, a następnie warstwą sosu.

f) Rozłóż pozostałą mieszankę tofu na wierzchu sosu i zakończ ostatnią warstwą makaronu i sosu.

g) Posyp pozostałą 1/4 szklanki parmezanu. Jeśli pozostanie jakiś sos, zachowaj go i podawaj na gorąco w misce obok lasagne.

h) Przykryj folią i piecz przez 45 minut. Zdejmij przykrycie i piecz 10 minut dłużej. Odstawić na 10 minut przed podaniem.

87. Lasagne z czerwoną boćwiną i szpinakiem

Na 6 porcji

Składniki:

- 12 uncji makaronu lasagne
- 1 łyżka oliwy z oliwek
- 2 ząbki czosnku, posiekane
- 8 uncji świeżej czerwonej botwiny, usuniętych twardych łodyżek i grubo posiekanych
- 9 uncji świeżego szpinaku baby, grubo posiekanego
- 1 funt twardego tofu, odsączonego i pokruszonego
- 1 funt miękkiego tofu, odsączonego i pokruszonego
- 2 łyżki drożdży odżywczych
- 1 łyżeczka świeżego soku z cytryny
- 2 łyżki mielonej świeżej natki pietruszki
- 1 łyżeczka soli
- 1/4 łyżeczki świeżo zmielonego czarnego pieprzu
- 31/2 szklanki sosu marinara, domowej roboty lub kupionego w sklepie

Wskazówki:

a) Rozgrzej piekarnik do 350 ° F.

b) W garnku z wrzącą osoloną wodą ugotuj makaron na średnim ogniu, od czasu do czasu mieszając, aż będzie al dente, około 7 minut.

c) W dużym rondlu rozgrzej olej na średnim ogniu. Dodaj czosnek i gotuj, aż pachnie.

d) Dodaj boćwinę i gotuj, mieszając, aż zmięknie, około 5 minut. Dodaj szpinak i gotuj dalej, mieszając, aż zmięknie, jeszcze około 5 minut.

e) Przykryj i gotuj do miękkości przez około 3 minuty. Odkryć i odstawić do ostygnięcia. Gdy są na tyle chłodne, aby można je było sobie z nimi poradzić, spuść pozostałą wilgoć z zieleni, dociskając do nich dużą łyżką, aby wycisnąć nadmiar płynu. Umieść warzywa w dużej misce.

f) Dodaj tofu, odżywcze drożdże, sok z cytryny, pietruszkę, sól i pieprz. Mieszaj, aż dobrze się połączą.

g) Nałóż warstwę sosu pomidorowego na dno naczynia do pieczenia o wymiarach 9 x 13 cali. Na wierzch nałożyć warstwę makaronu.

h) Rozłóż połowę masy tofu równomiernie na makaronie. Powtórz z kolejną warstwą makaronu i warstwą sosu.

i) Rozłóż pozostałą mieszankę tofu na wierzchu sosu i zakończ ostatnią warstwą makaronu, sosu i posyp parmezanem.

j) Przykryj folią i piecz przez 45 minut. Zdejmij przykrycie i piecz 10 minut dłużej. Odstawić na 10 minut przed podaniem.

88. lasagna z pieczonych warzyw

Na 6 porcji

Składniki:

- 1 średnia cukinia, pokrojona w plastry 1/4 cala
- 1 średni bakłażan, pokrojony w plastry 1/4 cala
- 1 średnia czerwona papryka, pokrojona w kostkę
- 2 łyżki oliwy z oliwek
- Sól i świeżo zmielony czarny pieprz
- 8 uncji makaronu lasagne
- 1 funt twardego tofu, odsączonego, osuszonego i pokruszonego
- 1 funt miękkiego tofu, odsączonego, osuszonego i pokruszonego
- 2 łyżki drożdży odżywczych
- 2 łyżki mielonej świeżej natki pietruszki
- 3 1/2 szklanki sosu marinara

Wskazówki:

a) Rozgrzej piekarnik do 425°F. Rozłóż cukinię, bakłażana i paprykę na lekko naoliwionej blasze do pieczenia o wymiarach 9 x 13 cali.

b) Skrop oliwą i dopraw solą i czarnym pieprzem do smaku. Piecz warzywa do miękkości i lekko zarumienione, około 20 minut.

c) Wyjąć z piekarnika i odstawić do ostygnięcia. Obniż temperaturę piekarnika do 350 ° F.
d) W garnku z wrzącą osoloną wodą ugotuj makaron na średnim ogniu, od czasu do czasu mieszając, aż będzie al dente, około 7 minut. Odcedź i odstaw na bok.
e) W dużej misce wymieszaj tofu z odżywczymi drożdżami, pietruszką, solą i pieprzem do smaku. Dobrze wymieszaj.
f) Aby to zrobić, rozprowadź warstwę sosu pomidorowego na dnie naczynia do pieczenia o wymiarach 9 x 13 cali. Posyp sos warstwą makaronu. Pokryj makaron połową pieczonych warzyw, a następnie rozprowadź połowę masy tofu na warzywach.
g) Powtórz z kolejną warstwą makaronu i dodaj więcej sosu. Powtórz proces nakładania warstw z pozostałymi warzywami i mieszanką tofu, kończąc na warstwie makaronu i sosu. Na wierzch posyp parmezanem.
h) Przykryj i piecz przez 45 minut. Zdejmij przykrycie i piecz kolejne 10 minut. Wyjmij z piekarnika i odstaw na 10 minut przed krojeniem.

89. Lasagne z Radicchio

Na 6 porcji

Składniki:

- 1 łyżka oliwy z oliwek
- 2 ząbki czosnku, posiekane
- 1 mała główka radicchio, posiekana
- 8 uncji grzybów cremini, lekko opłukanych, osuszonych i pokrojonych w cienkie plasterki
- Sól i świeżo zmielony czarny pieprz
- 8 uncji makaronu lasagne
- 1 funt twardego tofu, odsączonego, osuszonego i pokruszonego
- 1 funt miękkiego tofu, odsączonego, osuszonego i pokruszonego
- 3 łyżki drożdży odżywczych
- 2 łyżki mielonej świeżej pietruszki
- 3 szklanki sosu marinara

Wskazówki:

a) Na dużej patelni rozgrzej olej na średnim ogniu. Dodaj czosnek, radicchio i pieczarki.
b) Przykryj i gotuj, mieszając od czasu do czasu do miękkości, około 10 minut. Dopraw solą i pieprzem do smaku i odstaw

c) W garnku z wrzącą osoloną wodą ugotuj makaron na średnim ogniu, od czasu do czasu mieszając, aż będzie al dente, około 7 minut. Odcedź i odstaw na bok. Rozgrzej piekarnik do 350 ° F.

d) W dużej misce połącz twarde i miękkie tofu. Dodaj odżywcze drożdże i pietruszkę i mieszaj, aż dobrze się połączą.

e) Wymieszaj mieszankę z radicchio i grzybów i dopraw solą i pieprzem do smaku.

f) Nałóż warstwę sosu pomidorowego na dno naczynia do pieczenia o wymiarach 9 x 13 cali. Na wierzch nałożyć warstwę makaronu. Rozłóż połowę masy tofu równomiernie na makaronie. Powtórz z kolejną warstwą makaronu, a następnie warstwą sosu.

g) Rozłóż pozostałą mieszankę tofu na wierzchu i wykończ ostatnią warstwą makaronu i sosu. Wierzch posyp mielonymi orzechami włoskimi.

h) Przykryj folią i piecz przez 45 minut. Zdejmij przykrycie i piecz 10 minut dłużej. Odstawić na 10 minut przed podaniem.

90. Lasagne Primavera

Od 6 do 8 porcji

Składniki:

- 8 uncji makaronu lasagne
- 2 łyżki oliwy z oliwek
- 1 mała żółta cebula, posiekana
- 3 ząbki czosnku, posiekane
- 6 uncji jedwabistego tofu, odsączonego
- 3 szklanki zwykłego niesłodzonego mleka sojowego
- 3 łyżki drożdży odżywczych
- 1/8 łyżeczek mielonej gałki muszkatołowej
- Sól i świeżo zmielony czarny pieprz
- 2 szklanki posiekanych różyczek brokułów
- 2 średnie marchewki, mielone
- 1 mała cukinia, przekrojona na pół lub poćwiartowana wzdłuż i pokrojona w plastry 1/4 cala
- 1 średnia czerwona papryka, posiekana
- 2 funty twardego tofu, odsączonego i wytartego na sucho
- 2 łyżki mielonej świeżej natki pietruszki
- 1/2 szklanki wegańskiego parmezanu lubParmasio
- 1/2 szklanki mielonych migdałów lub orzeszków piniowych

Wskazówki:

a) Rozgrzej piekarnik do 350 ° F. W garnku z wrzącą osoloną wodą ugotuj makaron na średnim ogniu, od czasu do czasu mieszając, aż będzie al dente, około 7 minut. Odcedź i odstaw na bok.

b) Na małej patelni rozgrzej olej na średnim ogniu. Dodaj cebulę i czosnek, przykryj i gotuj do miękkości, około 5 minut. Przenieś cebulę do blendera.

c) Dodaj jedwabiste tofu, mleko sojowe, odżywcze drożdże, gałkę muszkatołową oraz sól i pieprz do smaku. Zmiksuj do uzyskania gładkiej konsystencji i odstaw na bok.

d) Brokuły, marchewki, cukinię i paprykę gotować na parze do miękkości. Usuń z ognia.

e) Pokrusz twarde tofu do dużej miski. Dodaj pietruszkę i 1/4 szklanki parmezanu i dopraw solą i pieprzem do smaku. Mieszaj, aż dobrze się połączą.

f) Wymieszaj warzywa gotowane na parze i dobrze wymieszaj, w razie potrzeby dodając więcej soli i pieprzu.

g) Nałóż warstwę białego sosu na dno lekko naoliwionej formy do pieczenia o wymiarach 9 x 13 cali.

h) Na wierzch nałożyć warstwę makaronu. Rozłóż połowę mieszanki tofu i warzyw na makaronie.

Powtórz z kolejną warstwą makaronu, a następnie warstwą sosu.

i) Rozłóż pozostałą mieszankę tofu na wierzchu i zakończ ostatnią warstwą makaronu i sosu, kończąc na pozostałej 1/4 szklanki parmezanu.

j) Przykryj folią i piecz przez 45 minut.

91. Lasagne z czarną fasolą i dynią

Od 6 do 8 porcji

Składniki:

- 12 makaronów lasagne
- 1 łyżka oliwy z oliwek
- 1 średnia żółta cebula, posiekana
- 1 średnia czerwona papryka, posiekana
- 2 ząbki czosnku, posiekane
- 1 1/2 filiżanki ugotowanej lub 1 (15,5 uncji) puszki czarnej fasoli, odsączonej i opłukanej
- (14,5 uncji) puszka zmiażdżonych pomidorów
- 2 łyżeczki chili w proszku
- Sól i świeżo zmielony czarny pieprz
- 1 funt twardego tofu, dobrze odsączonego
- 3 łyżki mielonej świeżej pietruszki lub kolendry
- 1 (16 uncji) puszki puree z dyni
- 3 szklanki salsy pomidorowej, domowej roboty (patrz świeża salsa pomidorowa) lub kupione w sklepie

Wskazówki:

a) Rozgrzej piekarnik do 375°F.
b) W garnku z wrzącą osoloną wodą ugotuj makaron na średnim ogniu, od czasu do czasu

mieszając, aż będzie al dente, około 7 minut. Odcedź i odstaw na bok.
c) Na dużej patelni rozgrzej olej na średnim ogniu. Dodaj cebulę, przykryj i gotuj, aż zmięknie. Dodaj paprykę i czosnek i gotuj, aż zmiękną, 5 minut dłużej.
d) Dodać fasolę, pomidory, 1 łyżeczkę proszku chili oraz sól i pieprz do smaku. Dobrze wymieszaj i odłóż na bok.
e) W dużej misce wymieszaj tofu, pietruszkę, pozostałą 1 łyżeczkę chili, sól i pieprz do smaku. Odłożyć na bok.
f) W średniej misce wymieszać dynię z salsą i dobrze wymieszać. Dopraw solą i pieprzem do smaku.
g) Rozłóż około ¾ szklanki mieszanki dyni na dnie naczynia do pieczenia o wymiarach 9 x 13 cali. Na wierzch z 4 makaronami. Na wierzch z połową mieszanki fasoli, a następnie połową mieszanki tofu.
h) Na wierzch nałóż cztery makarony, a następnie warstwę mieszanki dyniowej, a następnie pozostałą mieszankę fasoli i resztę makaronu.
i) Rozłóż pozostałą mieszankę tofu na makaronie, a następnie pozostałą mieszankę z dyni, rozprowadzając ją na brzegach patelni.
j) Przykryj folią i piecz przez około 50 minut. Odkryć, posypać pestkami dyni i odstawić na 10 minut przed podaniem.

92. Manicotti nadziewane botwiną

Na 4 porcje

Składniki:

- 12 manikotów
- 3 łyżki oliwy z oliwek
- 1 mała cebula, posiekana
- 1 średnia pęczek botwiny, twarde łodygi przycięte i posiekane
- 1 funt twardego tofu, odsączonego i pokruszonego
- Sól i świeżo zmielony czarny pieprz
- 1 szklanka surowych orzechów nerkowca
- 3 szklanki zwykłego niesłodzonego mleka sojowego
- $1/8$ łyżeczek mielonej gałki muszkatołowej
- $1/8$ łyżeczek mielonej cayenne
- 1 szklanka suchej, nieprzyprawionej bułki tartej

Wskazówki:

a) Rozgrzej piekarnik do 350 ° F. Lekko nasmaruj naczynie do pieczenia o wymiarach 9 x 13 cali i odstaw na bok.

b) W garnku z wrzącą osoloną wodą gotuj manicotti na średnim ogniu, od czasu do czasu mieszając, aż do uzyskania stanu al dente, około

8 minut. Dobrze odcedź i wlej pod zimną wodę. Odłożyć na bok.

c) Na dużej patelni rozgrzej 1 łyżkę oleju na średnim ogniu. Dodaj cebulę, przykryj i gotuj, aż zmięknie około 5 minut.

d) Dodaj botwinę, przykryj i gotuj do miękkości, mieszając od czasu do czasu, około 10 minut.

e) Zdejmij z ognia i dodaj tofu, dobrze mieszając. Doprawić solą i pieprzem do smaku i odstawić.

f) W blenderze lub robocie kuchennym zmiel orzechy nerkowca na proszek. Dodaj 1 1/2 szklanki mleka sojowego, gałkę muszkatołową, pieprz cayenne i sól do smaku. Miksuj do uzyskania gładkości.

g) Dodaj pozostałe 1 1/2 szklanki mleka sojowego i zmiksuj do uzyskania kremowej konsystencji. Smak, w razie potrzeby dostosowując przyprawy.

h) Warstwę sosu rozsmarować na dnie przygotowanego naczynia do pieczenia. Zapakuj około 1/3 szklanki farszu z boćwiny do manicotti. Nadziewane manicotti ułożyć w jednej warstwie w naczyniu do pieczenia. Nałóż pozostały sos na manicotti.

i) W małej misce wymieszaj bułkę tartą i pozostałe 2 łyżki oleju i posyp manicotti.

j) Przykryj folią i piecz przez około 30 minut. Natychmiast podawaj.

93. Szpinak Manicotti

Na 4 porcje

Składniki:

- 12 manikotów
- 1 łyżka oliwy z oliwek
- 2 średnie szalotki, posiekane
- 2 opakowania (10 uncji) mrożonego posiekanego szpinaku, rozmrożonego
- 1 funt bardzo jędrnego tofu, odsączonego i pokruszonego
- 1/4 łyżeczki mielonej gałki muszkatołowej
- Sól i świeżo zmielony czarny pieprz
- 1 szklanka prażonych kawałków orzecha włoskiego
- 1 szklanka miękkiego tofu, odsączonego i pokruszonego
- 1/4 szklanki drożdży odżywczych
- 2 szklanki zwykłego niesłodzonego mleka sojowego
- 1 szklanka suchej bułki tartej

Wskazówki:

a) Rozgrzej piekarnik do 350 ° F.
b) Lekko nasmaruj naczynie do pieczenia o wymiarach 9 x 13 cali.

c) W garnku z wrzącą osoloną wodą gotuj manicotti na średnim ogniu, od czasu do czasu mieszając, aż do uzyskania stanu al dente, około 10 minut. Dobrze odcedź i wlej pod zimną wodę. Odłożyć na bok.

d) Na dużej patelni rozgrzej olej na średnim ogniu. Dodaj szalotki i gotuj, aż zmiękną, około 5 minut. Wyciśnij szpinak, aby usunąć jak najwięcej płynu i dodaj do szalotki.

e) Dopraw gałką muszkatołową, solą i pieprzem do smaku i gotuj 5 minut, mieszając, aby zmiksować smaki. Dodaj bardzo jędrne tofu i dobrze wymieszaj. Odłożyć na bok.

f) W robocie kuchennym zmiel orzechy włoskie na drobno zmielone. Dodaj miękkie tofu, odżywcze drożdże, mleko sojowe oraz sól i pieprz do smaku. Miksuj do uzyskania gładkości.

g) Na dno przygotowanej formy do pieczenia rozsmarować warstwę sosu orzechowego. Napełnij manicotti farszem.

h) Nadziewane manicotti ułożyć w jednej warstwie w naczyniu do pieczenia. Na wierzch nałóż pozostały sos. Przykryj folią i piecz na gorąco około 30 minut.

i) Odkryć, posypać bułką tartą i piec jeszcze 10 minut, aby lekko przyrumienić wierzch. Natychmiast podawaj.

94. Lasagne Wiatraczki

Na 4 porcje

Składniki:

- 12 makaronów lasagne
- 4 filiżanki lekko zapakowanego świeżego szpinaku
- 1 szklanka gotowanej lub puszkowanej białej fasoli, odsączonej i opłukanej
- 1 funt twardego tofu, odsączonego i wytartego na sucho
- $1/2$ łyżeczki soli
- $1/4$ łyżeczki świeżo zmielonego czarnego pieprzu
- $1/8$ łyżeczek mielonej gałki muszkatołowej
- 3 szklanki sosu marinara, domowej roboty

Wskazówki:

a) Rozgrzej piekarnik do 350 ° F. W garnku z wrzącą osoloną wodą ugotuj makaron na średnim ogniu, od czasu do czasu mieszając, aż będzie al dente, około 7 minut.

b) Umieść szpinak w naczyniu do kuchenki mikrofalowej z 1 łyżką wody. Przykryj i mikrofaluj przez 1 minutę, aż zwiędnie. Wyjmij z miski, wyciśnij pozostały płyn.

c) Przełóż szpinak do robota kuchennego i posiekaj strączkiem. Dodaj fasolę, tofu, sól i pieprz i mieszaj, aż dobrze się połączą. Odłożyć na bok.
d) Aby złożyć wiatraczki, połóż makaron na płaskiej powierzchni roboczej. Rozłóż około 3 łyżki mieszanki tofu ze szpinakiem na powierzchni każdego makaronu i zwiń. Powtórz z pozostałymi składnikami.
e) Rozłóż warstwę sosu pomidorowego na dnie płytkiego naczynia żaroodpornego.
f) Ułóż bułki pionowo na wierzchu sosu i nałóż trochę pozostałego sosu na każdy wiatraczek. Przykryj folią i piecz przez 30 minut. Natychmiast podawaj.

95. Ravioli z dynią z groszkiem

Na 4 porcje

Składniki:

- 1 szklanka puree z dyni w puszkach
- $1/2$ szklanki bardzo twardego tofu, dobrze odsączonego i pokruszonego
- 2 łyżki mielonej świeżej pietruszki
- Szczypta mielonej gałki muszkatołowej
- Sól i świeżo zmielony czarny pieprz
- 1Makaron bez jajek
- 2 lub 3 średnie szalotki, przekrojone wzdłuż na pół i pokrojone w plastry 1,5 cm
- 1 szklanka mrożonego groszku, rozmrożonego

Wskazówki:

a) Użyj ręcznika papierowego, aby usunąć nadmiar płynu z dyni i tofu, a następnie wymieszaj w robocie kuchennym z odżywczymi drożdżami, pietruszką, gałką muszkatołową oraz solą i pieprzem do smaku. Odłożyć na bok.

b) Aby zrobić ravioli, ciasto makaronowe rozwałkować cienko na lekko posypanej mąką powierzchni. Pokrój ciasto na

c) Paski o szerokości 2 cali. Umieść 1 czubatą łyżeczkę farszu na 1 pasku makaronu, około 2,5 cm od góry.

d) Umieść kolejną łyżeczkę nadzienia na pasku makaronu, około cala poniżej pierwszej łyżki nadzienia. Powtórz na całej długości paska ciasta.

e) Krawędzie ciasta lekko zmoczyć wodą i na wierzchu ułożyć drugi pasek makaronu, przykrywając nadzienie.

f) Docisnąć dwie warstwy ciasta między porcjami nadzienia.

g) Użyj noża, aby przyciąć boki ciasta, aby było proste, a następnie przeciąć ciasto między każdym kopcem nadzienia, aby zrobić kwadratowe ravioli.

h) Przełóż ravioli na posypany mąką talerz i powtórz z pozostałym ciastem i sosem. Odłożyć na bok.

i) Na dużej patelni rozgrzej olej na średnim ogniu. Dodaj szalotki i gotuj, mieszając od czasu do czasu, aż szalotki będą ciemnobrązowe, ale nie przypalone, około 15 minut. Wmieszać groszek i doprawić solą i pieprzem do smaku. Utrzymuj ciepło na bardzo małym ogniu.

j) W dużym garnku z wrzącą osoloną wodą gotuj ravioli około 5 minut, aż wypłyną na wierzch. Dobrze odcedź i przełóż na patelnię z szalotką i groszkiem.

k) Gotuj przez minutę lub dwie, aby wymieszać smaki, a następnie przełóż do dużej miski. Dopraw dużą ilością pieprzu i od razu podawaj.

96. Ravioli z karczochami i orzechami

Na 4 porcje

Składniki:

- 1/3 szklanki plus 2 łyżki oliwy z oliwek
- 3 ząbki czosnku, posiekane
- 1 opakowanie (10 uncji) mrożonego szpinaku, rozmrożonego i wyciśniętego na sucho
- 1 szklanka mrożonych serc karczochów, rozmrożonych i posiekanych
- 1/3 szklanki twardego tofu, odsączonego i pokruszonego
- 1 szklanka prażonych kawałków orzecha włoskiego
- 1/4 szklanki ciasno zapakowanej świeżej pietruszki
- Sól i świeżo zmielony czarny pieprz
- 1Makaron bez jajek
- 12 świeżych liści szałwii

Wskazówki:

a) Na dużej patelni rozgrzej 2 łyżki oleju na średnim ogniu. Dodać czosnek, szpinak i serca karczocha.

b) Przykryj i gotuj, aż czosnek zmięknie, a płyn się wchłonie, około 3 minut, od czasu do czasu mieszając.

c) Przenieś mieszaninę do robota kuchennego. Dodaj tofu, 1/4 szklanki orzechów włoskich, pietruszkę, sól i pieprz do smaku. Miksuj, aż się zmielisz i dokładnie wymieszasz.
d) Odstawić do ostygnięcia.
e) Aby zrobić ravioli, rozwałkuj ciasto bardzo cienko (około 1/8 cala) na lekko posypanej mąką powierzchni i pokrój w paski o szerokości 2 cali.
f) Umieść 1 czubatą łyżeczkę farszu na pasku makaronu, około 2,5 cm od góry.
g) Umieść kolejną łyżeczkę nadzienia na pasku makaronu, około 1 cal poniżej pierwszej łyżki nadzienia. Powtórz na całej długości paska ciasta.
h) Krawędzie ciasta lekko zmoczyć wodą i na wierzchu ułożyć drugi pasek makaronu, przykrywając nadzienie.
i) Docisnąć dwie warstwy ciasta między porcjami nadzienia. Użyj noża, aby przyciąć boki ciasta, aby było proste, a następnie przeciąć ciasto między każdym kopcem nadzienia, aby zrobić kwadratowe ravioli.
j) Przełóż ravioli na posypany mąką talerz i powtórz z pozostałym ciastem i nadzieniem.
k) Gotuj ravioli w dużym garnku z wrzącą osoloną wodą, aż wypłyną na wierzch, około 7 minut. Dobrze odcedź i odstaw na bok. Na dużej patelni rozgrzej pozostałą 1/3 szklanki oleju na średnim ogniu.

l) Dodaj szałwię i pozostałe ¾ szklanki orzechów włoskich i gotuj, aż szałwia stanie się chrupiąca, a orzechy włoskie pachną.

m) Dodać ugotowane ravioli i delikatnie mieszając gotować do polania sosem i podgrzać. Natychmiast podawaj.

97. Tortellini z Sosem Pomarańczowym

Na 4 porcje

Składniki:

- 1 łyżka oliwy z oliwek
- 3 ząbki czosnku, drobno posiekane
- 1 szklanka jędrnego tofu, odsączonego i pokruszonego
- ¾ szklanka posiekanej świeżej pietruszki
- 1/4 szklanki wegańskiego parmezanu lubParmasio
- Sól i świeżo zmielony czarny pieprz
- 1Makaron bez jajek
- 21/2 szklanki sosu marinara
- skórka z 1 pomarańczy
- 1/2 łyżeczki zmiażdżonej czerwonej papryki
- 1/2 szklanki śmietanki sojowej lub zwykłego niesłodzonego mleka sojowego

Wskazówki:

a) Na dużej patelni rozgrzej olej na średnim ogniu. Dodaj czosnek i smaż do miękkości około 1 minuty. Dodaj tofu, pietruszkę, parmezan, sól i pieprz do smaku. Mieszaj, aż dobrze się połączą. Odstawić do ostygnięcia.

b) Aby zrobić tortellini, rozwałkuj ciasto cienko (około 1/8 cala) i pokrój na 21/2 calowe kwadraty. Miejsce

c) 1 łyżeczkę farszu tuż poza środkiem i zagnij jeden róg kwadratu makaronu na farszu, tworząc trójkąt.

d) Dociśnij krawędzie do siebie, aby uszczelnić, a następnie owiń trójkąt, środkiem w dół, wokół palca wskazującego, ściskając końce, aby się skleiły. Złóż wierzchołek trójkąta i zsuń palec.

e) Odstawić na lekko posypanym mąką talerzu i kontynuować z resztą ciasta i nadzieniem.

f) W dużym rondlu wymieszać sos marinara, skórkę pomarańczową i pokruszoną czerwoną paprykę. Podgrzej, aż będzie gorąca, a następnie dodaj śmietankę sojową i trzymaj ciepło na bardzo małym ogniu.

g) W garnku z wrzącą osoloną wodą gotuj tortellini, aż wypłyną na wierzch, około 5 minut.

h) Dobrze odcedź i przełóż do dużej miski. Dodaj sos i delikatnie wymieszaj, aby połączyć. Natychmiast podawaj.

98. Lo Mein Warzywny Z Tofu

Na 4 porcje

Składniki:

- 12 uncji makaronu
- 1 łyżka prażonego oleju sezamowego
- 3 łyżki sosu sojowego
- 2 łyżki suszonej sherry
- 1 łyżka wody
- szczypta cukru
- 1 łyżka mąki kukurydzianej
- 2 łyżki oleju rzepakowego lub z pestek winogron
- 1 funt bardzo twardego tofu, odsączonego i pokrojonego w kostkę
- 1 średnia cebula, pokrojona na pół i pokrojona w cienkie plasterki
- 3 szklanki małych różyczek brokułów
- 1 średnia marchewka, pokrojona w plastry 1/4 cala
- 1 szklanka pokrojonego w plasterki świeżego shiitake lub białych grzybów
- 2 ząbki czosnku, posiekane
- 2 łyżeczki startego świeżego imbiru
- 2 zielone cebule, posiekane

Wskazówki:

a) W dużym garnku z wrzącą osoloną wodą ugotuj makaron, mieszając od czasu do czasu do miękkości, około 10 minut. Dobrze odcedź i przełóż do miski. Dodaj 1 łyżeczkę oleju sezamowego i wymieszaj, aby obtoczyć. Odłożyć na bok.
b) W małej misce wymieszać sos sojowy, sherry, wodę, cukier i pozostałe 2 łyżeczki oleju sezamowego. Dodaj mąkę kukurydzianą i wymieszaj, aby się rozpuściła. Odłożyć na bok.
c) Na dużej patelni lub woku podgrzej 1 łyżkę rzepaku na średnim ogniu. Dodaj tofu i smaż na złoty kolor, około 10 minut. Zdejmij z patelni i odstaw na bok.
d) Podgrzej pozostały olej rzepakowy na tej samej patelni. Dodaj cebulę, brokuły i marchewkę i smaż do miękkości, około 7 minut. Dodaj pieczarki, czosnek, imbir i zieloną cebulkę i smaż przez 2 minuty.
e) Dodaj sos i ugotowaną linguine i dobrze wymieszaj.
f) Gotuj, aż się podgrzeje. Spróbuj, dostosuj przyprawy i w razie potrzeby dodaj więcej sosu sojowego. Natychmiast podawaj.

99. Pad Thai

Na 4 porcje

Składniki:

- 12 uncji suszonego makaronu ryżowego
- 1/3 szklanki sosu sojowego
- 2 łyżki świeżego soku z limonki
- 2 łyżki jasnobrązowego cukru
- 1 łyżka pasty tamaryndowej
- 1 łyżka pasty pomidorowej
- 3 łyżki wody
- 1/2 łyżeczki zmiażdżonej czerwonej papryki
- 3 łyżki oleju rzepakowego lub z pestek winogron
- 1 funt bardzo twardego tofu, odsączonego, pokrojonego w kostkę
- 4 zielone cebule, posiekane
- 2 ząbki czosnku, posiekane
- 1/3 szklanki grubo posiekanych, prażonych na sucho, niesolonych orzeszków ziemnych
- 1 szklanka kiełków fasoli, do dekoracji
- 1 limonka, pokrojona w łódeczki, do dekoracji

Wskazówki:

a) Namocz makaron w dużej misce z gorącą wodą, aż zmięknie, przez 5 do 15 minut, w zależności od grubości makaronu. Dobrze odcedź i spłucz pod zimną wodą.

b) Odsączony makaron przełożyć do dużej miski i odstawić.

c) W małej misce wymieszać sos sojowy, sok z limonki, cukier, pastę tamaryndową, pastę pomidorową, wodę i pokruszoną czerwoną paprykę. Dobrze wymieszaj i odstaw na bok.

d) Na dużej patelni lub woku rozgrzej 2 łyżki oleju na średnim ogniu. Dodaj tofu i smaż na złoty kolor, około 5 minut. Przełożyć na półmisek i odstawić.

e) Na tej samej patelni lub woku rozgrzej pozostałą 1 łyżkę oleju na średnim ogniu. Dodaj cebulę i smaż przez 1 minutę.

f) Dodaj zieloną cebulę i czosnek, smaż przez 30 sekund, następnie dodaj ugotowane tofu i gotuj około 5 minut, od czasu do czasu podrzucając, aż się zarumienią. Dodaj ugotowany makaron i wymieszaj, aby połączyć i podgrzać.

g) Wymieszaj sos i gotuj, wrzucając do obtoczenia, w razie potrzeby dodając odrobinę lub dwie dodatkowe wody, aby zapobiec przywieraniu.

h) Gdy makaron będzie gorący i miękki, ułóż go na półmisku do serwowania i posyp orzeszkami ziemnymi i kolendrą.

i) Udekoruj kiełkami fasoli i ćwiartkami limonki z boku półmiska. Podawać na gorąco.

100. Pijane Spaghetti z Tofu

Na 4 porcje

Składniki:

- 12 uncji spaghetti
- 3 łyżki sosu sojowego
- 1 łyżka wegetariańskiego sosu ostrygowego
- 1 łyżeczka jasnobrązowego cukru
- 8 uncji bardzo jędrnego tofu, odsączonego
- 2 łyżki oleju rzepakowego lub z pestek winogron
- 1 średnia czerwona cebula, pokrojona w cienkie plasterki
- 1 średnia czerwona papryka, pokrojona w cienkie plasterki
- 1 szklanka groszku śnieżnego, przyciętego
- 2 ząbki czosnku, posiekane
- 1/2 łyżeczki zmiażdżonej czerwonej papryki
- 1 szklanka świeżych tajskich liści bazylii

Wskazówki:

a) W garnku z wrzącą osoloną wodą ugotuj spaghetti na średnim ogniu, od czasu do czasu mieszając, aż do uzyskania stanu al dente, około 8 minut. Dobrze odcedź i przełóż do dużej miski.
b) W małej misce wymieszać sos sojowy, sos ostrygowy, jeśli jest używany, oraz cukier. Dobrze wymieszaj, a następnie wylej na zarezerwowane spaghetti, podrzucając do płaszcza. Odłożyć na bok.
c) Pokrój tofu na paski 1/2 cala. Na dużej patelni lub woku rozgrzej 1 łyżkę oleju na średnim ogniu.
d) Dodaj tofu i gotuj na złoty kolor, około 5 minut. Zdejmij z patelni i odstaw na bok.
e) Włóż patelnię do ognia i dodaj pozostałą 1 łyżkę oleju rzepakowego.
f) Dodaj cebulę, paprykę, groszek śnieżny, czosnek i pokruszoną czerwoną paprykę. Smażyć, aż warzywa będą miękkie, około 5 minut.
g) Dodaj ugotowane spaghetti i mieszankę sosu, ugotowane tofu i bazylię i smaż, aż będą gorące, około 4 minut.

WNIOSEK

Korzyści zdrowotne soi są rozległe. Jest bezglutenowy i niskokaloryczny. Może obniżać „zły" cholesterol, a także zawiera izoflawony, takie jak fitoestrogeny. Izoflawony mogą mieć zarówno właściwości agonistyczne, jak i antagonistyczne. Mogą one pomóc w ochronie przed niektórymi nowotworami, chorobami serca i osteoporozą.

www.ingramcontent.com/pod-product-compliance
Lightning Source LLC
Chambersburg PA
CBHW070506120526
44590CB00013B/764